UNTERWEGS MIT DEINEN

Lieblingsmenschen

FRANKFURT

KERSTIN PLATSCH & ANNIKA TZSCHÄTZSCH

emons:

Bibliografische Information der Deutschen Nationalbibliothek
Die Deutsche Nationalbibliothek verzeichnet diese Publikation
in der Deutschen Nationalbibliografie; detaillierte bibliografische
Daten sind im Internet über http://dnb.d-nb.de abrufbar.

© 2021 Emons Verlag GmbH
Alle Rechte vorbehalten
© Fotos: Annika Tzschätzsch und Kerstin Platsch, außer: S. 55: Kronberger Laien-
spielschar e.V./Annette Reinhardt; S. 56: Michael Glebocki; S. 73: Julia Tzschätzsch;
S. 114/115: Meridian Spa; S. 143: Peter Jordis; S. 211: Stalburg Theater; S. 216: Eugen
Sommer, www.foto-sommer.de; S. 223: Zur Germania; S. 225: Sandra Schildwäch-
ter; S. 230/231: Jazzkeller; S. 236: Foto der Band: acoustic string duo mit Wolgang
Mechenbier an der Gitarre und Thomas Schilling am Bass
Vorlage der Illustrationen auf dem Cover/Inhaltsverzeichnis: shutterstock/iconim

Gestaltungskonzept und Satz: Heike Kluge, Herdecke
Illustration: Heike Kluge, Herdecke
Umschlaggestaltung: Heike Kluge, Herdecke
Druck und Bindung: Grafisches Centrum Cuno, Calbe
Printed in Germany 2021
ISBN 978-3-7408-0967-6

Unser Newsletter informiert Sie regelmäßig über Neues von emons:
Kostenlos bestellen unter www.emons-verlag.de

VORWORT

Wahnsinn, wir haben es geschafft! Unser Herzensprojekt »Unterwegs mit deinen Lieblingsmenschen« mit 85 spannenden Orten und Aktivitäten in unserer Lieblingsstadt Frankfurt ist zu Papier gebracht!

Und das obwohl wir uns mit 2020 sicherlich kein einfaches Jahr ausgesucht haben, um ein Buch über Lieblingsorte zu schreiben. Und ein paar Tipps, die wir euch empfehlen wollten, haben es tatsächlich leider nicht durch die Corona-Krise geschafft, was uns wirklich sehr ans Herz gegangen ist. Umso mehr freuen wir uns über alle Cafés, Restaurants, Kino-Betreiber, Wellness-Oasen und andere Lieblingsorte, die hier vertreten sind. Viele von ihnen kannten wir schon vorher, ein paar neue haben wir für euch ausprobiert und wirklich alle haben wir bei unserer Recherche noch einmal ganz neu entdeckt.

Wir durften neue Menschen und ihre Geschichten kennenlernen, Historisches erfahren und viele besondere Momente erleben, die wir hier mit euch teilen. Unvergesslich bleibt, wie wir im Blumenladen Arisaema mit den beiden Heikes herzlich gelacht, mit Olaf vom Orange Beach an der Biergarnitur über das Leben philosophiert und uns im versteckten Waldwerk alte Geschichten von Frau Schmidt angehört haben. Die Menschen hinter den Orten sind alle mit Herzblut und Optimismus dabei und haben dazu beigetragen, dass dieses Werk eine schöne Ansammlung von wunderbaren Orten und Aktivitäten geworden ist!

Normalerweise sagt man: »Erst die Arbeit, dann das Vergnügen« - wir hatten das Glück, Vergnügen bei der Arbeit zu haben! Und jetzt wünschen wir euch viel Freude dabei, Frankfurt zu erleben und (neu) zu entdecken, zusammen mit euren Lieblingsmenschen!

FREUNDE ZU TREFFEN

IST WIE EINE **REISE** ANS **MEER.**

(KLAUS SIEBOLD, EHEMALIGER DEUTSCHER POLITIKER)

Hallo Lieblingsmensch,

ich blättere gerade durch das Buch »Frankfurt. Unterwegs

mit deinen Lieblingsmenschen« und möchte total gern

Seite _____ mit dir teilen.

Es geht um _____.

Hast du Lust?

Dann lass uns am _____ dort treffen.

Voller Vorfreude

_____

INHALTSVERZEICHNIS

FRANKFURT

GEMEINSAM AKTIV SEIN

ARM IN ARM DIE STADT ERKUNDEN

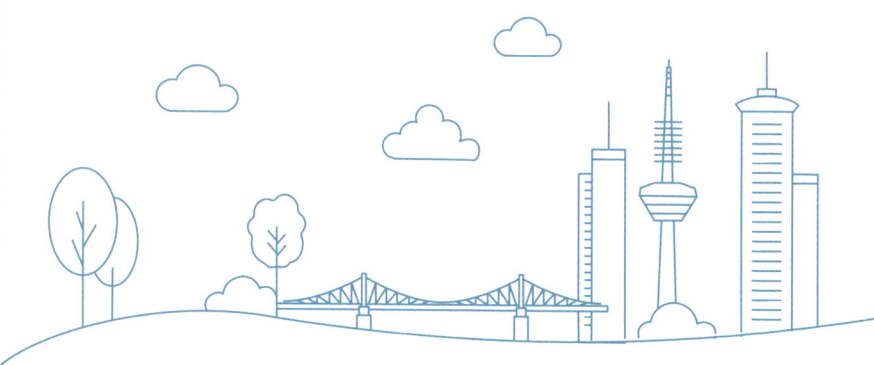

MITEINANDER ENTSPANNEN

ZUSAMMEN KREATIV WERDEN

KÖSTLICHKEITEN TEILEN

SEITE AN SEITE KULTUR ERLEBEN

MIT DEM LIEBLINGSMENSCHEN

Gemeinsam
aktiv sein

AUF DEM DREI-BURGEN-WEG DIE AUSSICHT GENIESSEN
DETTWEILER TEMPEL

61462 Königstein im Taunus
ÖPNV: Haltestelle Bahnhof Königstein oder Kronberg

Drei alte Burgen in nur drei Stunden: Diese Tour ist das beste Beispiel dafür, dass die Stadt Frankfurt und ihre Umgebung immer wieder für eine Überraschung gut sind. Nur unweit – kaum 20 Kilometer – von der Großstadt entfernt erreicht ihr auf einer relativ einfachen Wanderung mit moderaten Ab- und Anstiegen (maximal 300 Höhenmeter) die über 800 Jahre alten Burgen Königstein, Falkenstein und Kronberg. Und der Drei-Burgen-Weg gehört zu den schönsten und vielfältigsten Wanderungen im Taunus. Jede der Burgen hat ihren eigenen Charme und muss, da jeweils auf unterschiedlichen Hügeln platziert, zur Besichtigung separat bestiegen werden.

Wir empfehlen euch die Anreise mit dem Zug und den Start in Königstein, denn schon die Anfahrt mit der »K-Bahn«, der Frankfurter-Königsteiner-Eisenbahn (Linie 12), ist ein besonderes Erlebnis. Am Bahnhof angekommen, könnt ihr direkt die Wanderung starten. Die Burgruine, die bereits von hier aus zu erkennen ist, stammt aus dem 13. Jahrhundert und gehörte einst zu den größten Festungsanlagen Deutschlands.

Die Burg Falkenstein ist das nächste Anlaufziel. Das Gemäuer aus dem 14. Jahrhundert kann für einen kleinen Eintritt besichtigt werden. Kostenlos, stiller und geheimnisvoller ist die Entdeckungstour an der äußeren Südseite der Burg: Hier liegen noch Mauerreste der im 11. Jahrhundert errichteten Burg Nürings, die später abgerissen wurde. Und lauft ihr noch etwas weiter diesen Weg entlang und den Hügel bis zur Teufelskanzel hinauf, erreicht ihr schnell eine schmale Treppe.

Sie führt hinauf auf eine Aussichtsplattform, gebaut auf einem steilen Felsen, direkt daneben befindet sich der schnuckelige Dettweiler Tempel, ein schöner, kleiner, 125 Jahre alter Turm aus Metall, gewidmet und benannt nach Dr. Dettweiler, dem einstigen Leiter der Falkensteiner Lungenheilanstalt.

Der Ausblick auf Frankfurt und den Taunus ist wirklich herrlich – egal zu welcher Jahreszeit. In dem runden Tempel mit der Holzbank

könnt ihr von der Wanderung verschnaufen und euer Pausenbrot essen. Der Tempel ist bei jedem Wetter zu erreichen, aber Achtung: Bei Eis und Glätte ist der Aufstieg nicht ungefährlich, und an der Aussichtsplattform geht es steil bergab direkt in die Tiefe. Lauft ihr weiter in Richtung Südosten, gelangt ihr zur hochmittelalterlichen Felsenburg Kronberg, bekannt für ihren gut 42 Meter hohen freistehenden Bergfried, der frei zugänglich ist und von dem man ebenfalls einen schönen Blick auf den Taunus erhaschen kann – wenn auch die Atmosphäre hier nicht ganz so prächtig ist wie am Dettweiler Tempel. Die S-Bahn-Station Kronberg ist nicht mehr weit, sodass ihr von dort direkt wieder die S-Bahn in die Stadt nehmen könnt.

Der Drei-Burgen-Weg kann beliebig ausgeweitet werden: Wer noch Zeit hat, baut einen Abstecher in den Opel-Zoo in Kronberg ein. Und wenn auch die Energie noch reicht, bietet sich ein Aufstieg auf den 798 Meter hohen Altkönig an, von dessen Gipfel aus sich der große Feldberg, der höchste Berg des Mittelgebirges Taunus und des gesamten Rheinischen Schiefergebirges, auf Augenhöhe erblicken lässt.

RUCKSACK PACKEN, FERTIG, LOS!

Für eine Tageswanderung empfehlen wir einen Rucksack der Größe 15–25 Liter mit den folgenden Utensilien:

➤➤ ein bis zwei Liter Wasser und/oder Tee in einer Isolierflasche
➤➤ Tupperdose mit Pausenbrot
➤➤ Snacks wie zum Beispiel einen Apfel, einen Müsliriegel, ein Tütchen Nüsse
➤➤ Wechselkleidung: trockenes Shirt für den Rückweg, zusätzliche Jacke (falls es doch kälter wird als gedacht), Weste, die ihr bei sich ändernden Temperaturen gegen die Jacke austauschen könnt
➤➤ Halstuch (viel wert bei Wind und Wetter, kann notfalls auch über den Kopf gezogen werden)
➤➤ Sonnenbrille
➤➤ Kappe (hilft bei Sonne-Schatten-Wechsel im Wald und schützt das Gesicht auch vor Regen)
➤➤ kleines Medikamententäschchen mit (Blasen-) Pflaster und Schmerztabletten
➤➤ dünnes Sitzkissen mit Aluminiumschicht (nützlich bei nasskalten Sitzplätzen)
➤➤ Powerbank, falls der Handyakku mal schlapp macht
➤➤ Taschentücher (aber nicht im Wald liegen lassen!)
➤➤ Händedesinfektionsfläschchen
➤➤ etwas Kleingeld für Bahnfahrt und mögliche Einkehr

TIPP

TANZEN, BIS DIE SCHIFFSBOHLEN KNACKEN

AFTER-WORK-SHIPPING

Mainkai 36, 60311 Frankfurt am Main
www.primus-linie.de/de/fahrten/after-work-shipping-frankfurt-28.html
ÖPNV: Haltestelle Eiserner Steg/Mainkai

Kennt ihr das: Ihr kommt auf eine Party, und es dauert eine halbe Ewigkeit, bis endlich getanzt wird? Das kann euch beim After-Work-Shipping an Bord der Primus-Linie auf dem Main definitiv nicht passieren.

Spätestens wenn der Schiffsmotor der »Nautilus« angeschmissen wird, ist auf der Tanzfläche schon richtig was los. Auf den (alten) Schiffsbohlen wird gerockt, und bis ihr wieder anlegt, steht auf dem Oberdeck kein Bein mehr still. Das Partyvolk gerät in einen schwimmenden Rausch, 180 Kehlen singen die Songs mit, die aus den Boxen dröhnen. Kein Wunder, hier reiht sich Hit an Hit: Von Klassikern wie Gloria Gaynors »I will survive« bis zu aktuellen Partykrachern wie Joshs »Cordula Grün«, hier läuft, was gute Laune macht und die Tänzer auf die Fläche lockt. Egal, ob ihr zum Arbeiten oder zum Sightseeing in der Stadt seid, schnappt euch partyhungrige Gesellschaft und verbringt einen Abend beim After-Work-Shipping. Langeweile ist auf diesem Schiff ein Fremdwort, und die Skyline, den Sonnenuntergang und die sanften Wellen des Mains bekommt ihr noch gratis dazu. So viel gibt es zu sehen und zu tun auf diesem Schiff, und weil das hungrig macht, gibt es wahlweise Fingerfood oder Essen à la Carte, zum Beispiel leckere Burger oder vegetarische Panini.

Partyzeiten sind von Mai bis September, immer donnerstags und freitags: Start ist um 18:30 Uhr am Eisernen Steg, vorbei geht die Reise am Beachclub am Osthafen, durch die Schleuse bei Offenbach, bis auf die Höhe von Mühlheim, wo das Schiff nach etwa einer Stunde Fahrt dann wieder wendet und zurück zum Ausgangspunkt fährt.

TIEF DURCHATMEN UND DEN ALLTAG VERGESSEN

HERZBERGWANDERUNG

Startpunkt: Güldensöllerweg, 61350 Bad Homburg vor der Höhe
ÖPNV: Haltestelle Landgraf-Friedrich-Platz

Frankfurt ist eine großartige Stadt. Nicht nur, weil die City selbst viel zu bieten hat, sondern auch weil rundherum die schönste Natur auf euch wartet. Wer mal richtig durchpusten will, macht sich auf den (kurzen) Weg in den Taunus. Raus aus der Stadt, rauf auf den Herzberg! Nach oben gibt es viele Wege: Je nach Lust und Kondition könnt ihr zum Beispiel eine entspannte Tour über die Saalburg machen oder die Hardcore-Variante mit 45 Grad Steigung über die Telefonschneise nehmen.

Ausgangspunkt ist Bad Homburg-Dornholzhausen/Güldensöllerweg, und egal welchen Weg ihr wählt, hier könnt ihr definitiv den Alltag vergessen. Neben der frischen Luft lohnt sich immer ein Blick nach links und rechts abseits der Wege. Mit etwas Glück und zur richtigen Jahreszeit wachsen hier kleine Köstlichkeiten wie Waldheidelbeeren für den direkten Verzehr oder Maronen, die ihr zu Hause im Ofen rösten

könnt und verschiedene Pilze wie Steinpilze, Riesenschirmlinge oder Trompetenpfifferlinge, die als Pilzpfanne (Seite 23) ein phantastisches After-Aufstiegs-Abendbrot hergeben, welches ihr euch nach dem Marsch nach oben auch definitiv verdient habt.

Oben auf dem Herzberg werdet ihr dann mit einer tollen Aussicht belohnt. Hier steht in einer Höhe von 591 Metern der Herzbergturm. Wenn klare Sicht ist, könnt ihr von dort aus die Mainebene, die Wetterau und den Taunus bis zum großen Feldberg sehen.

Und weil es bis zur Pilzpfanne noch einen Abstieg hin ist, solltet ihr euch schon hier ein Getränk und etwas Leckeres zu Essen gönnen. Die Terrasse auf dem Berggasthof Herzberg ist wunderschön und bietet ebenfalls einen phantastischen Ausblick. Aber auch kulinarisch kann der Gasthof punkten! Es gibt hessische Küche, wie zum Beispiel Handkäs und Frankfurter Schnitzel. Dazu ein Augustiner Bier, was den Durst am Ende der Tour löscht.

DEN SONNENUNTERGANG ANSTEUERN
MENDELSSOHN-FELSEN

Gimbacher Straße 13, 65817 Eppstein (Adresse des Ristorante Kaisertempel)
Start der Wanderung hoch zum Aussichtspunkt
ÖPNV: Haltestelle Eppstein

Ihr hört Taunus und Wandern und denkt bestimmt gleich an den Großen Feldberg, den höchsten Berg des Mittelgebirges. Es stimmt, die Touren dort hinauf sind vielfältig, anspruchsvoll und wunderschön, aber auch beliebt und somit gerade am Wochenende recht überlaufen. Etwas weniger frequentiert und flacher, aber nicht minder sportlich sind die mystischen Hügel rund um Eppstein im Vortaunus.

Ob im Winter oder im Sommer, zu jeder Jahreszeit lohnt sich ein Ausflug dorthin! Ein Tipp vor dem Start: Recherchiert, wann die Sonne am Tag eurer Wanderung untergeht und startet etwa drei Stunden vorher. Reist ihr mit dem Auto an, empfehlen wir die Anfahrt hoch bis zum Kaisertempel, wo ihr vor dem Ristorante Kaisertempel parken könnt. Von hier würde sich eine Rundwanderung anbieten, die direkt am Parkplatz startet und im Uhrzeigersinn rund um den Staufen und Hahnenkopf herum verläuft.

Kommt ihr mit öffentlichen Verkehrsmitteln, steigt ihr in Lorsbach aus und nehmt im Tal am Schwarzbach ein Stückchen die Straße Richtung Norden bis zur Münsterer Straße, in die ihr rechts einbiegt: Der erste Hügel, der Hasenberg, ist schnell erklommen und führt euch weiter am Hahnenkopf vorbei. Nein, die Namen Hasen und Hahn deuten nicht auf mögliches Wildlife am Wegesrand hin, wobei sich entlang der Bäume hin und wieder doch auch einmal ein Reh oder ein Greifvogel zeigt. Der Aussichtspunkt »Großer Mannstein« ist das erste Highlight der Tour –

aber selten habt ihr den Platz für euch allein, denn der hübsche Fleck mit Blick über die Vororte Kelheim und Fischbach bis zum Feldberg und auf die Frankfurter Skyline ist wirklich herrlich und beliebt. Der Mannstein ist gleichzeitig Ort des sogenannten Staufenschwurs, an dem sich 1838 drei Brüder versprachen, gemeinsam für die Freiheit und Einheit Deutschlands zu kämpfen. Für Insider: Einer der drei Brüder war Heinrich von Gagern, der 1848 zum ersten Präsidenten der Frankfurter Nationalversammlung gewählt wurde.

Genießt das Panorama und stiefelt weiter, denn das Beste kommt noch. Der Staufen selbst lohnt nicht für eine Rast, aber schon bald führt der Hauptwanderweg rechts bis zum Kaisertempel – sofern ihr nicht vorher links abbiegt und über die Kuppe vorsichtig hintersteigt. Vor euch liegt nun das imposante Felsmassiv, die Martinswand, und davor ein kleiner Rastplatz mit mehreren Eichenholzbänken und einem Gedenkstein. Die Gedenkstätte gilt dem Komponisten Felix Mendelssohn-Bartholdy, der sich einige Male in Eppstein aufhielt und sich auf dem Felsen verständlicherweise wohlfühlte.

Habt ihr eure etwa zweistündige Tour richtig getimt, könnt ihr euch auf den baldigen Sonnenuntergang mit Blick über die glänzenden Hügel freuen. Der Ausblick über die Burg Eppstein und die umliegenden Täler ist wirklich grandios, ganz besonders im Abendlicht. Ihr seid so gut wie allein dort, da die meisten Wanderer an dem großen Mannstein oder Kaisertempel haltmachen und an dem Mendelssohn-Fels vorbeiziehen – vor allem abends.

Nach dem Sonnenuntergang lauft ihr zurück entweder zum Parkplatz oder den steilen Berg – vorsichtig! – hinunter bis zum Bahnhof Eppstein. Sofern es nicht schon dunkel ist, lohnt der schicke weiß-rote Kaisertempel, erbaut für die Gründer des Deutschen Reichs wie Otto von Bismarck oder Kaiser Wilhelm I., für einen kurzen Stopp.

Tipp: Im Restaurant »Wunder Weite Welt« direkt an der S-Bahn-Station Eppstein gibt es oben einen wunderschönen Wintergarten und unglaublich leckeren Kuchen (und auch deftige Gerichte). Das Restaurant hat eine eigene Spielecke für Kinder.

DIE LECKERSTE UND EINFACHSTE PILZPFANNE DER WELT

Zwiebeln in Butter andünsten, die geputzten Pilze dazugeben und mit Salz und Pfeffer würzen. Frische glatte Petersilie fein hacken und kurz vor dem Ende der Garzeit hinzufügen. Als Extra-Tipp: mit Tessiner Würzmischung verfeinern.

Wenn ihr mögt, kippt ihr zum Schluss einfach noch einen Schuss Sahne und/oder auch einen Spritzer Weißwein dazu.

Schmeckt sehr gut zu Knödeln, Nudeln oder einem frischen Vollkornbrot, dick bestrichen mit kalter Butter.

TIPP

IM FREIEN
DIE MUCKIS TRAINIEREN
VOLKSPARK NIDDATAL

Am Ginnheimer Wäldchen 6, 60431 Frankfurt am Main
ÖPNV: Haltestelle Niddapark, Hausen oder Große Nelkenstraße

Wer den Volkspark Niddatal – kurz Niddapark – betritt, merkt schnell: Der Park ist viel größer als anfangs gedacht, und es dauert eine ganze Weile wieder herauszukommen. Nicht zuletzt, weil er viel mehr bietet als zunächst angenommen!

Tatsächlich findet ihr auf 168 Hektar eine riesige und nach dem Stadtwald die zweitgrößte Grünfläche Frankfurts vor, mit weiten Grasflächen, Streuobstwiesen und einer schönen, fast ein Kilometer langen Lindenallee mit etwa 300 Kaiserlinden. Ursprünglich bestand die Fläche hauptsächlich aus Acker- und Brachland; erst 1989 wurde der Park für die Bundesgartenschau angelegt und ist heute Landschaftsschutzgebiet und Teil des Frankfurter Grüngürtels. Der Park ist im Übrigen direkt an der Nidda gelegen und lässt sich daher perfekt kombinieren mit einer Radtour am Uferweg des Flusses.

Der Park ist schon allein durch seine Größe, aber auch durch seine gewundenen Rad-, Jogging- und Fußwege ein Paradies für die Spaziergänger und Sportler unter euch. Und noch eins ist großartig: Es gibt dort nicht nur eine öffentliche Sportanlage, sondern diese taugt auch noch etwas und wird eifrig genutzt! Fitnessparcours sind ja nicht selten in Parks vorzufinden, doch im Niddapark sind die Outdoor-Sportgeräte tatsächlich gut in Schuss und laden zum kostenlosen Trainieren im Freien ein. Da die Fitnessanlage unweit der U-Bahnstation Hausen liegt, könntet ihr nach dem Auspowern direkt in die Bahn springen und müsst nicht noch lange verschwitzt draußen herummarschieren.

DURCH WIESEN UND DÜNEN CRUISEN
KELSTERBAR

Mainstraße Ecke Leinpfad, 65451 Kelsterbach
kelsterbar.com
ÖPNV: Haltestelle Kelsterbach

Die Sonne scheint und ihr habt Lust rauszugehen? Am liebsten gemütlich irgendwo einkehren und chillen, aber das schlechte Gewissen plagt euch, denn ihr wolltet euch heute doch eigentlich noch etwas bewegen. Wir hätten da eine wundervolle Idee für euch! Ihr bekommt beides: Bewegung, ohne euch nass zu schwitzen und Relaxzeit, in der ihr schlemmen und euch mit einem herrlichen Sonnenplatz am Wasser belohnen dürft.

Fangen wir vorne an: Von Frankfurt Süd, zum Beispiel Sachsenhausen oder Niederrad, schwingt ihr euch am Nachmittag gemütlich aufs Fahrrad und fahrt am Main entlang Richtung Westen, der Sonne entgegen. Ihr durchquert den Schwanheimer Stadtwald beziehungsweise die Schwanheimer Wiesen, die größte Waldwiese Frankfurts. Früher standen auf diesen weiten grünen Feldern überall Bäume, die wurden aber vor vielen Jahren gerodet, um das Holz verkaufen zu können – denn die Bürger brauchten damals Geld, um während des Krieges und in Hungersnöten über die Runden zu kommen. Noch viel früher, vor Jahrtausenden, hinterließen die Wasserströme des Mains fruchtbaren Boden, sodass es hier auch heute noch grünt und blüht. Kaum zu glauben, dass wir vor einer halben Stunde noch in der Stadt waren!

Die Hälfte ist schon geschafft, aber die Sehenswürdigkeiten entlang des Weges könnten dafür sorgen, dass euer Ausflug länger dauert als geplant: Der Struwwelpeter-Baum zum Beispiel entlang der Alten Wiese zwingt euch sicherlich zu einem Fotostopp und zum Lachen! Die lustige

Kopfweide hat genauso wuschelige und zerzauste Haare, äh Äste, wie der Struwwelpeter in den Geschichten von Heinrich Hoffmann, der im Übrigen einst in Frankfurt lebte. Außerdem hängen an ihm an Spiralen zwei Glupschaugen herunter, die sich im Wind bewegen und dem Bäumchen noch mehr den Eindruck eines ulkigen Gesichts geben.

Falls ihr mit Kind und Kegel unterwegs seid, lohnt sich nun ein Halt im Waldspielpark Schwanheim, einer der größten und schönsten Spielplätze Frankfurts mit Riesenrutsche, Dino-Spielbereich, Klanginstrumenten, Volleyballnetz, 18-Loch-Minigolfanlage und sechs Tischtennisplatten – aber wir wollten ja eigentlich weiter!

Das absolute Highlight aller Haltestopps kommt nämlich noch: Wie aus dem Nichts taucht eine Steppenlandschaft auf, und mit ihr die uralte Schwanheimer Binnendüne, Überbleibsel aus der letzten Eiszeit vor 10.000 Jahren. Eidechsen, Kröten und Feldhasen sowie viele seltene Pflanzen sind in dem Naturschutzgebiet beheimatet. Bitte auf den Wegen bleiben, denn das Gebiet ist empfindlich! Schließt die Räder kurz an und nutzt den 400 Meter langen Bohlenweg, der direkt über die Düne führt – ihr fühlt euch für einen Moment garantiert wie in Sankt-Peter-Ording oder auf Fuerteventura!

Je nachdem, wie lange ihr Pausen eingelegt habt, kommt ihr nach ein bis zwei Stunden in Kelsterbach am Main an – und seid dank der flachen Strecke nicht besonders erschöpft! Wir empfehlen euch die schnieke, relativ neue Kelsterbar am südwestlichen Stadtrand direkt am Wasser: Die Open-Air-Location serviert Essen (top: der Flammkuchen!) sowie Getränke und verfügt über wirklich gemütliche Sitzgelegenheiten, entweder auf dem Holzdeck oder auf Liegestühlen direkt am Wasser, abends auch häufig mit Livemusik.

Gut zu wissen: Falls der Abend länger und der Alkoholpegel höher wird als gedacht, dann schiebt ihr eure Fahrräder einfach bis zur zehn Fußminuten entfernten S-Bahn-Station Kelsterbach und fahrt mit der Bahn zurück in die Stadt. Ansonsten verläuft am Ufer entlang ein schöner 20 Kilometer langer Weg, der nach Niederrad führt. Oder wem es gut gefallen hat, der fährt wieder zurück über die Wiesen und schaut sich den Struwwelpeter und seine Baumfreunde noch einmal aus der anderen Richtung an!

VIRTUELLER PANORAMABLICK

Auf der Internetseite

➤➤ www.frankfurt360.de/360/ueberregionale-ziele/
atzelberg-turm/01.php

erhält man einen 360-Grad-Rundblick von dem ehemals noch intakten Atzelbergturm. Der 30 Meter hohe
Aussichtsturm aus Kiefernholz bot damals einen tollen
Rundblick über den Taunus. Heute findet ihr hier nur
noch deren Betonfundamente vor, doch könnt mit dem
Panoramablick eine kleine Zeitreise in die Vergangenheit unternehmen! Dank Steuerung könnt ihr den Blick
in alle Richtungen und auch in den Himmel wenden und
euch praktisch im Kreis drehen, bis euch schwindelig
wird. Absolut eindrucksvoll!

TIPP

AUF DEM ATZELBERG EINE KLEINE AUSZEIT NEHMEN
VIERTELSTUNDENBANK

Schulweg, 65779 Kelkheim (Taunus)
ÖPNV: Haltestelle Eppstein

Der Naturpark Taunus hält immer wieder Überraschungen bereit, und dies ist eine von ihnen: eine kleine versteckte Holzbank am Wegesrand, die explizit zum Verweilen einlädt.

Unser Geheimtipp befindet sich auf dem circa 500 Meter hohen Atzelberg in Kelkheim, nicht weit vom Bahnhof Eppstein entfernt. Am Fuße des Hügels seht ihr dort schon den Fernmeldeturm und habt nun mehrere Möglichkeiten hinaufzusteigen: Natürlich könntet ihr den geteerten Schulweg nehmen, und solltet ihr mit dem Fahrrad unterwegs sein, wäre dies unsere empfohlene Route. Wer mit Wanderschuhen reist, der läuft am besten links herum und wählt einen der kleinen steilen und schöneren Trampelpfade.

Vor ein paar Jahren stand genau hier, neben dem Fernmeldeturm, ein 30 Meter hoher Aussichtsturm aus Kiefernholz, von dem man einen herrlichen Rundblick über den Taunus hatte. Seitdem der Turm zum zweiten Mal einem Feuer zum Opfer gefallen ist, finden sich hier nur noch die Betonfundamente.

Ein Stückchen weiter, den Schulweg entlang, stoßt ihr auf unsere kleine Holzbank, die eine Besonderheit hat: Ein Schild verkündet: »Setzen Sie sich doch für ein Viertelstündchen! In dieser Zeit wächst im Kelkheimer Stadtwald genau die Holzmenge nach, aus der diese Bank produziert wurde.« Wir finden, das sind weise Worte, die uns daran erinnern, auch im stressigen Alltag hin und wieder zu pausieren, um die Umgebung achtsam wahrzunehmen.

Viertelstundenbank
Setzen Sie sich doch
ein Viertelstündchen

In dieser Zeit wächst im
Kelkheimer Stadtwald,
genau die Holzmenge nach
aus der diese Bank
produziert wurde

WIE TARZAN UND JANE DURCH DEN TAUNUS FLIEGEN
KLETTERWALD TAUNUS

Landwehrstraße 7, 61381 Friedrichsdorf-Seulberg
kletterwald-taunus.de
ÖPNV: Haltestelle Bahnhof Seulberg

Woooow … – das wirkt ja ganz schön hoch hier! Wer schon einmal in einem Hochseilgarten war, weiß: Beim Blick von unten hoch in die Bergkronen kann einem erst einmal ganz schön mulmig werden. Aber keine Sorge, seid ihr oben angekommen, gewöhnt ihr euch ganz schnell an die Höhe und seid so konzentriert bei der Sache, dass ihr schnell alles um euch herum vergesst. Schade eigentlich, denn die Baumkulisse im Kletterwald Taunus ist wirklich traumhaft schön!

Abhängig von Lust, Laune und Klettererfahrung könnt ihr euch aus zwölf verschiedenen Parcours eure Favoriten in unterschiedlichen Schwierigkeitsgraden heraussuchen und euch regelrecht von Baum zu Baum hangeln. Die Hauptattraktion ist sicherlich der Tarzansprung und die Riesenrutsche, mir der ihr 185 Meter durch die Anlage düst. Aber auch die in der Luft hängenden Bierbänke und das fliegende Skateboard machen mächtig Spaß!

Zu zweit oder in einer kleinen Gruppe funktioniert das Klettern im Hochseilgarten am besten, in dem ihr euch gegenseitig helft, Mut zusprecht und Vertrauen schenkt (und ja, manchmal auch gegenseitig ein wenig auslacht). Falls ihr übrigens meint, ihr könnt alle Parcours mit 156 Übungen an einem Tag bezwingen, werdet ihr nach spätestens zwei Stunden merken, dass die Muskeln anfangen zu zittern und euch bei der nächsten Übung womöglich im Stich lassen. Etwas Kraft in den Armen kann tatsächlich nicht schaden – der Muskelkater ist aber so oder so vorprogrammiert!

MITTEN IN HESSEN BEACHFEELING HABEN

WAKEPORT IN RAUNHEIM

Aschaffenburger Straße 1, 65479 Raunheim
wakeport.de
ÖPNV: Haltestelle Raunheim Gottfried-Keller-Straße

Ein traumhafter weißer Sandstrand, chillige Musik und entspannte Menschen. Nein, wir sind nicht in der Karibik, wir sind in Raunheim im Rhein-Main-Gebiet, etwa 20 Kilometer von Frankfurt entfernt. Direkt am Waldsee könnt ihr hier entweder am wunderschönen Strand liegen, Surfertyp*innen beobachten, Radler trinken, Flammkuchen oder Pizza essen – oder ihr hängt einfach mal an einem langen Seil ab. Das ist allerdings nicht ganz so entspannt, denn ihr steht dabei auf einem Brett im Wasser. Der Grund: In Raunheim ist unsere Lieblingswakeboard-Anlage! Wake … was?

Wakeboarden ist wie Wasserskifahren, nur dass ihr statt zwei Bretter unter den Füßen nur ein Brett habt. Auf dem versucht ihr möglichst lange stehen zu bleiben, während ihr von einer Cable-Park-Anlage übers Wasser gezogen werdet.

Die Wakeport-Anlage in Raunheim ist nicht die einzige Anlage in der Region, aber trotzdem unser Geheimtipp, weil sie nicht nur für fortgeschrittene Wakeboarder geeignet ist, sondern auch für Anfänger. Hier gibt es nicht den klassischen Cable-Park, an dem die Wakeboarder hintereinander weg ins Wasser springen und Anfänger oft nicht über ein paar Meter hinauskommen, bevor sie in den See platschen und zurückschwimmen müssen. Stattdessen könnt ihr einen 15 Minuten Slot nur für euch und euren Lieblingsmenschen buchen und ganz ohne Druck euer Wakeboard-Glück versuchen. Definitiv ein Riesenspaß! Und wem das alles zu viel Bewegung ist, der chilled einfach am wunderschönen weißen Sandstrand und schaut den Surferboys und -girls zu!

DEN SCHÖNSTEN AUSSICHTSTURM DER STADT EROBERN
GOETHETURM

Sachsenhäuser Landwehrweg 1, 60599 Frankfurt am Main
ÖPNV: Haltestelle Goetheturm

Er war das zweithöchste zugängliche Holzgebäude Deutschlands und für viele echte Frankfurter das Wahrzeichen der Stadt: Der wunderschöne Goetheturm stand fast 90 Jahre lang im Frankfurter Stadtwald, bevor er im Herbst 2017 niederbrannte. Der übrig gebliebene schwarze Aschehaufen war wahrhaftig ein schmerzhafter Anblick!

Doch aus Trauer wurde Tatendrang: Gelder und Spenden wurden zusammengetrommelt, die Bürger allein sammelten knapp 200.000 Euro. Eine Internetumfrage wurde gestartet, Holz aus Spanien bestellt und der Turm – trotz erschwerten Bedingungen während der Coronazeit – im Herbst 2020 neu errichtet. Und die Mühen haben sich gelohnt: Dank seiner Struktur aus Holz- und (feuerfesten) Stahlelementen ähnelt der neue, hübsche 43 Meter hohe Turm fast haargenau seinem Vorgänger. Genau wie vorher macht es großen Spaß, die etwa 200 Stufen hochzulaufen und auf jedem Zwischenpodest dem Himmel wie auch den Flugzeugen, die direkt über den Stadtwald brausen, ein Stückchen näher zu kommen.

Oben angekommen, habt ihr einen atemberaubenden Rundumblick über den Frankfurter Stadtwald, die City-Skyline und sogar den Taunus. Die unmittelbare Nähe zum Wald und dem Waldspielpark machen den Turm außerdem zu einem tollen Ausflugsziel. Fahrräder könnt ihr euch bei dem kleinen Fahrradverleih Goetherad nebenan ausleihen! Tipp: Ab Ende November findet hier am Wochenende jedes Jahr ein kleiner, uriger Weihnachtsmarkt statt.

DURCH DEN HESSISCHEN GRAND CANYON ROLLEN

DIETESHEIMER STEINBRÜCHE

Rabenlohweg 5, 63165 Mühlheim am Main
www.muehlheim.de/steinbrueche
ÖPNV: Haltestelle Mühlheim-Dietesheim

Wer schon einmal am Grand Canyon in den USA war, der wird vermutlich die roten Felsformationen und gigantischen Aussichten über den Colorado River niemals vergessen. In Hessen können wir mit dieser Megaschlucht natürlich nicht ganz mithalten. Doch der folgende Ort – wirklich einzigartig in der Rhein-Main-Region – erinnert ebenso wie der Grand Canyon an Landschaften aus dem Wilden Westen. Sein Pluspunkt: Im Vergleich zu Arizona ist er für uns natürlich viel schneller zu erreichen.

Am schönsten ist es, wenn ihr euch mit dem Fahrrad – am besten einem Mountainbike oder Rad mit Federung – auf den Weg zu den Steinbrüchen macht. Alternativ parkt ihr am Eingang des Gebiets oder fahrt (mitsamt Rädern) bis zur S-Bahn-Station Mühlheim-Dietesheim. Nach 15 Kilometern, also knapp einer Stunde radeln entlang des Mains, erreicht ihr Mühlheim und direkt dahinter das Naherholungsgebiet der Dietesheimer Steinbrüche. Eine beeindruckende Kulisse tut sich auf: hohe Steilwände, bizarre Felsformationen, tiefblaue Seen. Auf einer Aussichtsbrücke, dem Canyon Steg, könnt ihr die steilen Wände am besten erblicken und im Wasser sogar die Pflanzen am Boden erkennen. So viel WildWildWest-Stimmung im Frankfurter Osten …, da fehlen eigentlich nur noch die Cowboys auf ihren Pferden!

Stattdessen habt ihr ja eure Mountainbikes dabei. Fahrt einfach mal drauflos, ohne Blick auf die Karte oder den Navi – wirklich verfahren könnt ihr euch nicht, denn die Seen bieten Orientierung. Unzählige schattige

Wanderwege führen durch den Wald und die Sträucher; immer wieder könnt ihr an den Seen kleine Strandabschnitte entdecken (Schwimmen wie auch Zelten und Bootfahren ist allerdings verboten). Am schönsten sind die kleinen Trails, die sich von den Hauptwanderwegen abspalten und auf und ab entlang der Steilwände führen. Aber Achtung: Oft

geht es wirklich steil bergab. Die kleinen Wege sind zum Teil sehr anspruchsvoll und daher nicht für Kinder oder MTB-Anfänger geeignet. Gebt acht, dass ihr zum Schutz der Natur die Wege nicht verlasst, denn für viele seltene Pflanzen- und Tierarten ist das Gebiet mitunter ein Refugium und eine Heimat. Hier leben zum Beispiel rund 2000 Mauereidechsen, die 2008 in die Steinbrüche umgesiedelt wurden, nachdem sie ein paar Kilometer entfernt einem Baugebiet weichen mussten.

Wie ihr euch denken könnt, ist dieses Gebiet nicht auf natürliche Weise entstanden. Früher wurde hier bis 1982 Basalt abgebaut, danach begann man, die Steinbrüche zu renaturieren und mit Grundwasser zu befüllen. Auf einer Gesamtfläche von über 60 Hektar – etwa 44 Fußballfelder – stehen heute mehr als 120.000 Bäume, meist Eichen und Erlen, und liegen acht Seen mit etwa 22,5 Hektar Wasserfläche.

Der größte und schönste von ihnen, der Oberwaldsee, an dem sich auch der Canyon Steg befindet, steht unter Naturschutz. Auf einem knapp zehn Kilometer langen Weg könnt ihr alle acht Seen umrunden und begegnet dabei kaum einer Menschenseele – mit Ausnahme der Insider, die sich im Sommer an besonders schönen (und hoffentlich legalen) Stellen ihre Hängematten zwischen die Bäume mit Blick aufs Wasser spannen.

BELIEBTE HUNDEWIESEN IN FRANKFURT

Neben dem Huthpark gibt es weitere ebenfalls beliebte offizielle große Flächen und Wiesen für Hunde in der Stadt:

➤➤ im Niddapark, Praunheim

➤➤ im Sulzbachpark, Sossenheim

➤➤ am Rebstockbad, Bockenheim

➤➤ am Sindlinger Mainufer, Sindlingen

➤➤ an der Wörthspitze, Nied

➤➤ im Riederwald, Riederwald

TIPP

MIT DEM VIERBEINER ZWISCHEN ALTEN BÄUMEN TOBEN
HUTHPARK

Im Navi die Adresse der Stadtbücherei eingeben:
Arolser Straße 11, 60389 Frankfurt am Main
ÖPNV: Haltestelle Unfallklinik/B3 oder Eschweger Straße

Der wunderschöne Huthpark, den selbst viele Frankfurter nicht kennen, ist eine vielfach unterschätzte grüne Oase im Stadtteil Seckbach. Er steht wortwörtlich im Schatten der größeren und bekannteren Frankfurter Parks. Geprägt wird der Huthpark von über 100 Jahre alten riesigen Buchen, Eichen, Linden und Kastanien, die noch aus der Entstehungszeit der Anlage, vor dem Ersten Weltkrieg, stammen. Sie spenden dem kompletten eineinhalb Kilometer langen Parkrundweg angenehmen Schatten.

Auf fast 20 Hektar findet ihr alles, was das Herz begehrt: zwei Spielplätze, einen Fitnessparcours, einen Bolzplatz und ein süßes Café-Restaurant (die BERGStation) im denkmalgeschützten Rondell. Auf Spiel- und Liegewiesen könnt ihr die Sonne anbeten oder Fußball spielen; Autos sind weit und breit nicht zu sehen. Der Huthpark wird längst nicht so rigoros gepflegt wie seine Nachbarparks, doch wir sind der Meinung, es ist genau das, was diesem Park seinen nostalgischen Charme verleiht.

Noch etwas ist hier besonders: Während in anderen Parks Hunde (sogar an der Leine) oft verboten sind, laden Schilder explizit dazu ein, sie frei laufen zu lassen. Ihr werdet sie schon von Weitem sehen: Auf der großen Hundeauslauffläche toben sich die Vierbeiner (und ihre Besitzer) richtig aus. Auch ohne eigenen Hund ist es sehr amüsant, das Treiben zu beobachten! Nach Feierabend kann es manchmal voll werden: Dann finden die Hunde automatisch neue Freunde, und als Hundebesitzer kommt ihr blitzschnell mit anderen ins Gespräch.

AUF BOTANISCHE WELTREISE GEHEN
ARBORETUM MAIN-TAUNUS

Am Weißen Stein, 65824 Schwalbach
www.hessen-forst.de/arboretum
ÖPNV: Haltestelle Camp Phönix

Wenn ihr im Lateinunterricht aufgepasst habt, erinnert ihr euch vielleicht noch an das Wort arbor = der Baum. Dann werdet ihr erahnen, dass sich unter Arboretum ein Baumpark verbirgt. Der Park ist abgelegen und wenig bekannt; es handelt sich um einen ehemaligen Flugplatz, mit 76 Hektar so groß wie etwa 150 Fußballfelder, mit sage und schreibe 600 verschiedenen Baum- und Straucharten. Und nicht irgendwelche: Auf einer gemütlichen (weil flachen) Radtour oder einem etwa zweistündigen Spaziergang könnt ihr regelrecht eine Weltreise über die nördliche Erdhalbkugel unternehmen und Bäume aus Mitteleuropa, Nordamerika und Asien bestaunen –, beispielsweise Exemplare der Mammutbaumwälder aus Kalifornien und der Nadelwälder der Rocky Mountains. Der Friedensbaum, eine einzeln stehende Rosskastanie, erinnert daran, dass auch wir, so wie die vielen verschiedenen Bäume der Erde, friedlich miteinander auskommen sollten.

Am Rande des Schotterweges findet ihr immer wieder alte Baumstämme, auf denen ihr pausieren könnt. Traut euch, den Hauptweg zu verlassen und die nicht befestigten Pfade zu erkunden, die mitten durch die Wälder hindurchführen. Wer entdeckt zum Beispiel die schwarzen Fledermauskästen an den Bäumen?

Der Baumpark kann übrigens noch mehr: Mit Feuchtbiotop, Geo-Lehrpfad, Streuobstwiesen und Waldhaus lohnt sich ein kompletter Tagesausflug. Das Forstamt Königstein bietet auf Anfrage Führungen, angepasst an Gruppengröße, Interesse und Wetter an!

FRIEDENSBAUM

AUF DEN ZWEITEN BLICK DIE ERSTE WIESEN-WAHL TREFFEN

FREIBAD HAUSEN

Ludwig-Landmann-Straße 341, 60488 Frankfurt am Main
www.frankfurter-baeder.de/freibad-hausen
ÖPNV: Haltestelle Fischbach

Sportbecken, Nichtschwimmerbecken, Planschbecken und jede Menge Menschen, die dicht gedrängt auf ihren Handtüchern und Decken auf einer gefühlt viel zu kleinen Wiese liegen ... genau so sieht es im Sommer in Frankfurts Freibädern aus. Außer natürlich, es gibt eine zweite Wiese, die kaum einer kennt. Und genau das ist im Hausener Freibad der Fall! Also packt die Badehose und den Bikini ein, nehmt euren Lieblingsmenschen an die Hand, rein ins Bad, an den Schwimmbecken vorbei, zur großen Liegewiese, stehen bleiben, über die Menschenmassen staunen und dann – ganz entspannt – den Blick nach links richten. Dort seht ihr eine kleine Holzbrücke, die über die Nidda führt und euch geradewegs auf eine weitere, wunderschöne und meist fast leere Wiese führt. Also, hier ist unbeobachtetes Kuscheln hinter einem der vielen dicken Baumstämme überhaupt kein Problem – wie wir selbst schon testen konnten.

Ein weiterer Vorteil des Hausener Schwimmbads: Das Wasser ist schon im Frühjahr beheizt, und deshalb ist es auch jedes Jahr das erste Frankfurter Bad, in dem ihr mit euren Freunden Arschbomben machen könnt.

Und was geht noch? Für sportliche Schwimmer gibt es sieben Bahnen im 25-Meter-Becken, für den Spaß eine Wasserrutsche und einen Eltern-Kind-Bereich mit Spielplatz, Babybecken mit Sonnenschutz und einer kleinen Rutsche. Und natürlich ist da auch noch der obligatorische Freibad-Imbiss mit leckeren Pommes.

Hach, wie schön, dass wir direkt nach dem Schwimmen, Spielen und Futtern ganz schnell wieder auf unsere (geheime) zweite Wiese gehen können!

ENTLANG VON BLUMEN UND BÄUMEN RADELN

BLUMENFELD/MAMMUTBÄUME

Blumenfeld Kofler, Kreuzung Bundesstraße 456/Niederstedter Straße,
61440 Oberursel
ÖPNV: Haltestelle Oberursel-Oberstedten, Hans-Mess-Straße
Mammutbäume Oberursel, Forsthausweg 100, 61440 Oberursel

In den Wäldern im Vordertaunus verstecken sich ein paar kleine geheimnisvolle Orte, die sich perfekt auf einer zehn Kilometer langen Rad- oder Wandertour verbinden lassen. Startet am Blumenfeld Kofler, das dem Hof Kofler in Bad Homburg gehört. Das Selberpflücken verschiebt ihr am besten auf später, ansonsten habt ihr nicht lange Freude an eurem Blumenstrauß. Aber Vorfreude ist ja bekanntlich die schönste Freude!

Durchquert den Ort Oberstedten bis zum Wald, wo das Gotische Haus steht. Zwischen den Bäumen wirkt dieses Gebäude irgendwie deplatziert –, aber durch die schicke Architektur dennoch schön! Das ehemalige Jagdschloss steht schon seit fast 200 Jahren dort und beherbergt seit 1985 das kulturhistorische Museum von Bad Homburg und das Stadtarchiv. Wer das Gebäude umkreist, findet vielleicht die alte Begräbnisstätte des Lieblingspferdes des damaligen Landgrafen Friedrich V. Ludwig.

Der abwechslungsreiche Weg führt euch nun weiter in den Wald hinein: Entlang eines Baches geht es am Forstgarten Bad Homburg vorbei, am Wildpark Hirschgarten und an der Felsformation Elisabethenstein, einem Naturdenkmal, auf dem sogar Bäumchen wachsen. Wer nun Lust auf die erste Pause hat, der sollte unbedingt im Forellengut einkehren: ein Fischrestaurant mit Fischzucht, seit über 100 Jahren ein Familienbetrieb, der den Fisch aus dem klaren Taunuswasser fangfrisch für euch räuchert – auch zum Mitnehmen! Neben

den Forellen gibt es auch Wildgerichte dank der eigenen Wildschweinzucht. Hoffentlich seid ihr nun gut gestärkt, denn der nächste Punkt auf der Tour wird euch den Atem verschlagen: Zwei prächtige Riesenbäume ragen vor euch in die Höhe – Mammutbäume! Ihr wollt davon ein Foto machen? Dann viel Glück! Am besten legt ihr euch dafür

auf den Boden. Die beiden Prachtexemplare sind nämlich bereits knapp 50 Meter hoch und sechs bis acht Meter breit. Vermutlich wurden sie vor über 150 Jahren aus der Sierra Nevada in Kalifornien an diesen Ort gebracht. Daneben befindet sich eine Sitzbank, doch tatsächlich ist der Platz direkt am Baumstamm und der Blick in die Höhe der Moment, der euch am ehesten in schönster Erinnerung bleiben wird. Bald seid ihr wieder am Parkplatz des Blumenfelds Kofler, wo euch das Blumenmeer aus über 30 Sorten, darunter Lilien, Narzissen und Sonnenblumen, und ein kleines Schmetterlingsparadies erwartet. Normalerweise liegen an der kleinen, nicht besetzten Kasse kleine Messer aus, die ihr zum Blumenabschneiden ausleihen könnt, aber bringt am besten selbst von zu Hause welche mit! Witzig: Ein Schild bittet euch, die Messer wieder zurückzulegen, denn »auch Sie könnten der Nächste sein, der ein scharfes Messer braucht!« Für den Strauß errechnet ihr anhand der Angaben die Kosten und werft am Ende das Geld in eine Box hinein – toll, dass der Hof Kofler seinen Besuchern volles Vertrauen schenkt! Das Feld ist zwar direkt am Straßenrand, dafür ist es längst nicht so überlaufen wie andere und mit etwas Glück habt ihr das ganze Feld und alle Blumen für euch allein!

MIT DEM LIEBLINGSMENSCHEN

Arm in Arm
die Stadt erkunden

IM APFELSCHLARAFFENLAND SCHLEMMEN UND CHILLEN

SCHÄFER JAKOBS APFELLAND

Schmiehbachtal, 65779 Kelkheim (Taunus)
www.zumtaunus.de/apfelland
Anfahrt am besten mit dem Fahrrad oder Auto

Im Spätsommer über Frankfurts Felder zu touren, hat seinen ganz besonderen Charme: Die zahlreichen Obstbäume am Wegesrand tragen reife, süße Früchte. Ob dunkelrote Äpfel, saftige Birnen oder weiche Mirabellen, da möchte man am liebsten sofort zugreifen! Den ersten Apfelbaum, dessen Äste durch das Gewicht der Früchte schon am Boden liegen, fotografiert man noch, aber bald sieht man den Wald vor lauter Obstbäumen nicht mehr! Stattdessen bekommt man Lust auf Apfelsaft oder -wein – und natürlich Apfelkuchen.

Da kommt das Schäfer Jakobs Apfelland gerade recht. Inmitten der Landschaft taucht es, auf einem Hügel in Kelkheim gelegen, wie aus dem Nichts auf: eine drei Hektar große Straußwirtschaft aus über 1300 Apfelbäumen, mit einem kleinen Häuschen mit Ofen mittendrin, welches die leckersten Dinge hervorzaubert. Ein absolutes Muss ist der himmlische Apfel-Zimt-Flammkuchen!

Das Apfelland wird bereits in der achten Generation vom Gasthaus »Zum Taunus« familiengeführt und hat am Wochenende bis zum Sonnenuntergang geöffnet. Empfehlenswert sind die BBQ-Abende, an denen meist eine kleine Musikkapelle auftritt und ihr neben anderen Köstlichkeiten auch einen Apfel-Burger gegrillt bekommt.

Wirklich toll: Ihr könnt euch einfach eine der Bierbänke, Strandstühle und auch Picknickdecken nehmen und euch irgendwo unter den Bäumen niederlassen; geht ruhig weiter nach hinten durch die Reihen, wo ihr eure absolute Ruhe habt.

MÄRCHEN
ZUM LEBEN ERWECKEN
KRONBERGER LATERNENWEG

Treffpunkt am Recepturhof
Friedrich-Ebert-Straße 6, 61476 Kronberg im Taunus
www.kronberger-kulturkreis.de/laternenweg.html
ÖPNV: Haltestelle Kronberg (Taunus)

Wenn es in Kronberg zu dämmern beginnt, erstrahlt die mittelalterliche Burg im nächtlichen Glanz. Aber nicht nur! Es sind die Straßenlaternen, die die Gassen der Altstadt schmücken und eine ganz besondere Aufmerksamkeit verdienen: Schaut euch die Laternen einmal genau an und entdeckt die kleinen Figuren und Tiere an den Außenseiten. Dahinter verbergen sich die Geschichten der Stadt, die der hessische Figurenspieler und Illustrator Albert Völkl eindrucksvoll in Scherenschnitten in den Laternen umgesetzt hat. Schön bei Tag, noch viel hübscher bei Nacht: Sobald die Dunkelheit einbricht, könnt ihr euch an den kunstvollen Laternen und der Atmosphäre, die diese schaffen, noch mehr erfreuen!

Durch die Kunstwerke entstand der Kronberger Laternenweg, der für alle öffentlich zugänglich ist. Beim üblichen Bummel durch die Altstadt bei Tageslicht können die Werke schnell übersehen werden. Und auch bei Dämmerung erfahrt ihr auf eigene Faust nicht unbedingt, welche Geschichten tatsächlich hinter den Bildern stecken. Aber nicht schlimm, denn im Rahmen einer szenischen Stadtführung könnt ihr eine märchenhafte Reise in die Vergangenheit unternehmen und alles hautnah erleben.

Einmal im Monat organisiert der Kronberger Kulturkreis zusammen mit Schauspielern der 1. Kronberger Laienspielschar wahrhaftig lebendige Führungen entlang der 50 Laternen. Die Show beginnt mitten in der Altstadt im Innenhof vor dem Recepturhof, in dem schon die ersten

drei Laternen und deren bedeutende Geschichten von Nachwächtern auf amüsante Art und Weise präsentiert werden. Gelegentlich werden die Anekdoten etwas ausgeschmückt und möglicherweise übertrieben, aber auch das trägt dazu bei, dass sich die Zuhörer in die Vergangenheit zurückversetzen und sich die Ereignisse noch besser vorstellen können. Weiter geht es die Gassen entlang – hin und wieder tauchen

plötzlich Statisten auf, die die Szenen nachspielen. Eine Marktfrau fängt an zu schreien, zwei Ritter beginnen zu raufen. Dadurch erwachen die Figürchen auf den Laternen und Geschichten wahrhaftig zum Leben! Auch der heimhumpelnde Söldner oder der Ziegenhirt – manchmal sogar von einer leibhaftigen Ziege begleitet – tragen dazu bei, die vergangenen Ereignisse mit Leben zu füllen. Und spätestens, wenn ein Statist als betrunkener Bub, der von der Weinlese heimkehrt, fast von der Mauer fällt, erschrecken sich alle und fangen an zu lachen.

Die Märchen und Anekdoten werden auf solch unterhaltsame, phantasievolle und witzige Weise erzählt und nachgespielt, dass die Stadtführung für alle, insbesondere für die Kleinen zu einem unvergesslichen Erlebnis wird. Falls ihr Kinder dabei habt, empfehlen wir euch die Teilnahme an einer Führung von Frühling bis Herbst, wenn diese sonntags um 18 Uhr beginnen – im Sommer starten sie samstags um 21:30.

Am Ende der Führung wird häufig noch Apfelwein oder Apfelsaft ausgeschenkt, und der Nachtwächter steht für Fragen zur Verfügung. Da die Routen und Statisten, die übrigens alle ehrenamtlich mitwirken, variieren und eine Führung nicht alle 50 Laternen abdecken kann, lohnt es sich auf jeden Fall, mehrere Male daran teilzunehmen!

HILFE FÜR INSEKTEN

Jeder von uns kann zum Schutz von Insekten beitragen! Hier ein paar einfache Tipps:

➤➤ Kauft statt exotischer Pflanzen heimische Wildpflanzen wie Stauden, Flieder und Kräuter (zum Beispiel Thymian oder Lavendel).

➤➤ Lasst es wild zugehen: Auf gemähtem Rasen und gestutzten Hecken finden Insekten kaum Nahrung oder Unterschlupf.

➤➤ Vermeidet Pestizide, die töten nämlich auch unsere Insekten ab.

➤➤ Ein Insektenhotel könnt ihr aus Holz, Baumrinde und Bambus relativ einfach selbst bauen (dies ist auch eine schöne Aktivität zu zweit!). Es gibt aber auch geeignete Exemplare in Baumärkten oder im Internet zu kaufen. (Tipp: Auf www.knastladen.de werden Insektenhotels von Häftlingen der Justizvollzugsanstalt angefertigt.)

➤➤ Noch Holz im Garten übrig? Lasst es liegen, denn Insekten lieben es als Nahrung, Baumaterial und als Unterschlupf.

➤➤ Falls ihr Platz habt: Bildet einen Haufen aus Steinen, gerade Bienen dient dieser als geeignetes Versteck.

TIPP

RASEND
DIE STADT ENTDECKEN
HOTROD FRANKFURT

East West Garage, Lindleystraße 20, 60314 Frankfurt am Main
www.hotrod-tour-frankfurt.com
ÖPNV: Haltestelle Ostbahnhof oder Schwedlerstraße

Hot, hotter, Hotrod-Tour! Die Mini-Hotrods sind DER Hype in Frankfurt und sorgen für begeisterte Blicke, wo immer ihr mit ihnen auftaucht! Und das Beste: Die Oldtimer sind total easy zu bedienen: anmachen, Gas geben, bremsen. Gefahren wird in der Gruppe, und bevor es losgeht, gibt es noch eine kurze Einweisung, bei der Giovanni,

einer der Chefs, geduldig alle Fragen beantwortet. Die Befürchtung einer Teilnehmerin, ihre Beine seien zu kurz, um an die Pedale zu kommen, kann er schnell ausräumen: »Für Menschen mit kurzen Beinen haben wir in einigen Hotrods extra die Pedale vorverlegt.«

Mit zehn Hotrods im Konvoi mischen wir uns unter den Verkehr und sind tatsächlich die Attraktion auf der Gass! Entlang am Mainufer, vorbei an der Europäischen Zentralbank, erhaschen wir einen spektakulären Blick auf die Frankfurter Skyline, düsen über die Friedensbrücke ins Bankenviertel – mit einer Höchstgeschwindigkeit von 88 km/h ein Heidenspaß. Bei dem Tempo definitiv »good to know«: Umfallen ist durch Schwerpunkt, Radstand und Spurbreite ausgeschlossen.

Eine wunderbare Art des Sightseeings mit leichtem Adrenalin-Kick und einem guten Abschluss: Zurück in der Lindleystraße gibt es für alle erst mal ein eisgekühltes Flaschenbier … also zumindest für die Gäste, die Guides warten natürlich bis nach Feierabend. Die Guides, das sind: Mark, Olli und Giovanni, die seit fünf Jahren jeden Tag Spaß daran haben, die Kunden in den Hotrods durch Frankfurts Straßen zu »jagen«. Das lockt Touristen aus aller Welt an; 2019 waren Menschen aus 72 verschiedenen Ländern da.

WIE IM SÜDEN SPANIENS CHILLEN

BLAUES WASSER FRANKFURT

Franziusstraße 35, 60314 Frankfurt am Main
www.blaueswasser.net
ÖPNV: Haltestelle Riederhöfe

Wer zum ersten Mal durch das Osthafengebiet in Frankfurt fährt, fühlt sich direkt nach Südeuropa versetzt: Staubige, holprige Straßen, dicke Laster, die sich ihren Weg bahnen …, das ist ja fast wie im Süden Spaniens! Und genau so fühlt ihr euch dann auch, wenn ihr das »Blaue Wasser« erreicht habt: ein Open-Air-Restaurant mit großer Außenterrasse am Mainufer und internationaler Küche, weißen Holzbänken, bunten Kissen und überall Blumen auf den Tischen. Das Lokal ist einfach herrlich natürlich, gemütlich und unaufgeregt. Mit der Sonne im Gesicht und einem Vino Blanco in der Hand ist das mediterrane Flair perfekt! Statt auf sanfte Hügel mit Weinreben und das blaue Meer, schaut ihr auf die Skyline und den Main und auch, wenn wir nicht mit Sicherheit behaupten wollen, das Wasser dort im Fluss sei tatsächlich blau, schön ist dieser Flecken allemal.

Besonders romantisch wird es übrigens, wie so oft in Frankfurt (und ja, auch in diesem Buch erwähnt), wenn die Sonne hinter den Hochhäusern der Skyline versinkt.

Hier trefft ihr Frankfurter Szeneleute, die trendbewusst, aber nicht aufdringlich wirken. Sie genießen – genau wie wir – die pfiffige Mischung aus hip, stylisch und retro. Eine Top-Location für ungezwungenen Spaß unter freiem Himmel. Und leckeres Essen gibt es dort auch noch: Von verschiedenen Vorspeisen wie Hummus mit gemischten Oliven oder Parmaschinken mit marinierter Melone über frischen Fisch und Black Angus Steak bis hin zu einer französischen Maispoularden-Brust. Für den schnellen Hunger gibt es Flammkuchen und kleine vegetarische Speisen. All diese Leckereien werden euch an die Tische gebracht, einen netten Plausch mit den Kellner*innen inklusive! Apropos nett: Es gibt eine Einschränkung für Hundebesitzer, denn Maggy, eine der Hausherrinnen, kann Hunde nicht ausstehen und deswegen dürft ihr sie leider nicht mitbringen. Zu Maggys Verteidigung sei gesagt: Sie ist eine Katze.

DIE SONNE AUFGEHEN SEHEN

BERGER WARTE

Ecke Vilbeler Landstraße/Am Galgen, 60389 Frankfurt am Main
Vom Parkplatz Lohrberg oder der Lohrberg Schänke loslaufen
Anfahrt am besten mit dem Fahrrad oder Auto
ÖPNV: Haltestelle Berger Warte

Von Frankfurts einzig verbliebenem Weinberg, dem Lohrberg, habt ihr einen wunderbaren Blick über die ganze Stadt mit Skyline, der sogar bis zur Nachbarstadt Hanau hinüberreicht. Mit seinem herrlichen Panoramaweg entlang der Weinreben und Streuobstwiesen ist Frankfurts Hausberg ein wundervolles Ausflugsziel und ein beliebter Treffpunkt, besonders zum Sonnenuntergang.

Viel weniger bekannt ist dagegen der wirklich höchste Punkt Frankfurts, der etwa eine halbe Stunde zu Fuß und 30 Höhenmeter entfernt liegt: die kleine Berger Warte. Versteckt hinter Bäumen und nur erreichbar über Feldwege steht der spätmittelalterliche Wartturm meistens einsam und verlassen da. Das Setting hat etwas Märchenhaftes: Mit seiner runden Bauform und seinem charakteristischen Hut als Dach erinnert er spontan an ein Gnomhaus oder an einen Riesenpilz. Der Turm hätte einiges zu erzählen, denn etwa 350 Jahre lang stand neben ihm ein riesiger Galgen, an dem die am Gerichtshof der Grafschaft Bornheimer Berg zum Tode verurteilten Verbrecher gehängt wurden. Im 16. Jahrhundert war die Warte Beobachtungsposten und Geleitwechselstation, im 18. Jahrhundert Militärstützpunkt für französische Truppen.

Trotz ihrer geschichtsträchtigen Vergangenheit ist die Wahrscheinlichkeit hoch, dass ihr die Warte und den Platz davor komplett für euch habt. In aller Ruhe könnt ihr den runden Maueraufgang besteigen – warum nicht zur Abwechslung zum Sonnenaufgang? Vielleicht mögt ihr euch ein Frühstückspicknick mit einpacken!

VOR DEN TOREN FRANKFURTS ZELTEN
CAMPINGPLATZ MAINKUR

Frankfurter Landstraße 107, 63477 Maintal
campingplatz-mainkur.de
ÖPNV: Haltstelle Frankfurt-Mainkur

Es müssen nicht immer Fern- und Flugreisen sein, auch in der Nähe, in der Heimat, gibt es schöne Urlaubsziele: der nächste Ort, See oder Park. Dabei lässt sich entdecken, wie schön Deutschland ist. Also, warum in die Ferne schweifen, wenn das Gute so nah liegt … Seid ihr schon einmal auf die Idee gekommen, einfach in eurer eigenen Stadt zu urlauben, zum Beispiel campen zu gehen?

In Frankfurt ist dies auf dem Campingplatz Mainkur möglich – ein kleiner, familienbetriebener Platz direkt am Mainufer vor den Toren Frankfurts. Der Campingplatz für Zelte und Wohnmobile liegt im Stadtteil Maintal östlich von Frankfurt, 15 Fußminuten von der nächsten Straßenbahnstation oder eine halbe Stunde mit dem Fahrrad aus der Innenstadt entfernt. Eine Übernachtung ließe sich im Übrigen super mit einer Ganztagesfahrradtour von Frankfurt entlang des Flussufers, beispielsweise bis Seligenstadt (etwa 30 Kilometer) oder sogar bis nach Aschaffenburg in Bayern (rund 45 Kilometer) kombinieren. Wie immer ihr die kurze Anreise aus der City auch plant: Für eine Nacht benötigt ihr neben Zelt, Isomatte und Schlafsack nicht viel, um dem urbanen Trubel zu entgehen und euch in Maintal – in der Annahme das Wetter spielt genauso mit – wie in Spanien zu fühlen.

Heike Borgstedt führt den Platz seit vielen Jahren; ihr Mann Frank, Tochter Celina und Sohn Florian packen nach ihrer eigentlichen Arbeit kräftig mit an. Sie heißen jedermann willkommen, auch Vierbeiner und natürlich Kinder, für die vor Ort ein kleiner Spielplatz mit Rutsche,

Schaukel und Sandkasten zur Verfügung steht. Für die etwas größeren unter ihnen empfiehlt Heike den Heinrich-Kraft-Park in der Nähe. Und der ist wirklich toll: die große hölzerne Kletterburg mit zwei langen Röhrenrutschen an den Seiten und einer Seilbahn! Auch ganz in der Nähe, 10 Minuten zu Fuß, befindet sich das Erdbeerfeld Maintal vom Kinzigheimer Hof, auf dem frühe wie auch späte Sorten angebaut und gepflückt werden dürfen. Tipp: Ganz links auf dem Feld wachsen angeblich die aromatischsten Beeren!

Zurück zum Campingplatz: Die etwa 70 Plätze befinden sich auf ebenem, teilweise schattigem Wiesengelände; die vorderen Komfortplätze mit Mainblick sind netter und ruhiger, dafür aber auch etwas teurer und mehr der Sonne ausgesetzt. Den besten Blick habt ihr direkt am Ufer links neben dem Dauercampingbereich. Bequem in den Campingstuhl gelümmelt – den ihr vielleicht noch mit einpacken könnt – lassen sich hier die vorbeifahrenden Schiffe, kleinen Boote und Wasserskisportler am besten beobachten. Dort halten sich auch viele, wunderschöne Schwäne auf, die ihr aus ein paar Meter Entfernung wunderbar betrachten könnt. Alternativ dazu leiht ihr euch an der Rezeption kostenlos Tischtennisschläger und Ball aus und tobt euch an einer der Tischtennisplatten gemeinsam aus!

Und wer nicht viel unternehmen und einfach nur gemütlich ein Bierchen vorm Zelt zischen mag, dem empfehlen wir schon bei der Anreise einen kurzen Stopp beim Bier-Hannes. Die private Kleinbrauerei um die Ecke verkauft Selbstgebrautes in Flaschen zum Mitnehmen. Wir möchten behaupten: So ein gutes frisches Bier und diesen fabelhaften Skyline-Blick bekommt ihr in Spanien bestimmt nicht!

BRAUEREIFÜHRUNG BEI BIER-HANNES

Bier-Hannes ist ein Gasthof und gleichzeitig eine private Kleinbrauerei, die Ende der 1990er Jahre gründet wurde und zehn Biersorten braut. Diese könnt ihr in Flaschen und sogar in ganzen Fässern (in den Größen 10, 20, 30 und 50 Liter) im Brauereigasthof, im Bier-Hannes-Getränkemarkt oder in der Brauerei kaufen. Mit etwas Vorlauf und ab einer Teilnehmerzahl von acht Personen bieten die Braumeister von Bier-Hannes auch Führungen durch die Brauerei, Gär- und Lagerkeller sowie durch die Flaschen- und Fassabfüllung an. Allein der Anblick von 57.000 Litern Bier in Edelstahltanks ist schon imposant!

➤➤ Hanauer Landstraße 568, 60386 Frankfurt am Main

➤➤ bier-hannes.de

TIPP

SICH IM STRANDKORB IN DEN URLAUB BEAMEN
STRANDCAFÉ

Koselstraße 46, 60318 Frankfurt am Main
www.strandcafe-frankfurt.de
ÖPNV: Haltestelle Musterschule oder Friedberger Platz

Wenn es in der Stadt mal wieder heiß wird und ihr euch einen kühlen Platz herbeisehnt, kommt das Strandcafé gerade recht. Im Sommergarten des kleinen Cafés im Nordend findet ihr dank eines wunderschönen, riesigen Baums mit gigantischen Ästen reichlich schattige Plätze. Dass die Tische hier ganz unterschiedlich angeordnet sind – mal mit Bierbänken, mal in Zweierkombination –, macht das Café auf eine sympathische Art und Weise noch gemütlicher und authentischer.

Falls ihr etwas mehr Privatsphäre und Schatten sucht, schnappt ihr euch am besten den antiken und bequemen Standkorb direkt unter dem Baum und zieht die Beinauflagen aus, um euch ausstrecken zu können. Spätestens dann kommt Urlaubsfeeling auf!

Den Strandkorb gab es übrigens schon in den 1970er Jahren, als das Café Treffpunkt für politisch aktive Studenten und Debatten war. Heute wird es geführt von einem jungen und bunt zusammengewürfelten Trio, das alles selbst backt, kocht, zubereitet und sich das Gemüse und Obst direkt vom regionalen kleinen Lebensmittelgeschäft gegenüber holt. Neben sensationellem Frühstück servieren die drei warmes Essen und gute Weine, Biere, Longdrinks und Cocktails. Auch drinnen ist die Stimmung gemütlich; die Tische im hinteren Raum mit Bücherregalen laden euch ein zum ruhigen Schmökern oder auch dazu, am Laptop für die Uni zu lernen …

Gut zu wissen: Hin und wieder organisiert das Team spezielle Menüs, zum Beispiel an Halloween oder Valentinstag; Letzteres nicht nur für Paare, sondern auch ganz bewusst für Freunde und Singles!

IN EINER URALTEN KNEIPE EIN BIERCHEN ZISCHEN

GUTE STUTE

Kölner Straße 42, 60327 Frankfurt am Main
www.gute-stute.com
ÖPNV: Haltestelle Festhalle/Messe oder Speyerer Straße

Hühühühühü …! Kein Witz, es ist wirklich ein Wiehern, das euch begrüßt, wenn ihr die Gute Stute im Gallus betretet. Gleich am Eingang starrt euch ein ausgestopftes Pferd an, gesattelt und aufgetrenst, sozusagen bereit zum Losgaloppieren. Wirt Ivo Komljenovic liebt Pferde und entdeckte die Gipsfigur auf einem Flohmarkt wenige Monate, nachdem er die Bar – damals noch das Kölner Eck – 1985 eröffnet hatte. Auch wenn's fast so eng ist wie im Stall, riecht es in der Guten Stute lediglich nach Rauch – sehr viel Rauch! Ivo nennt seine Bar auch stolz das »Raucherparadies«.

Der Wirt mag nicht besonders gesprächig wirken und das Bier dauern, dafür wird es mit Liebe gezapft. Die Gute Stute ist ihm eine Herzensangelegenheit, er freut sich über Kundschaft, duzt alle, vom Studenten bis zum Banker, angeblich trifft sich sogar die Frankfurter Staatsanwaltschaft jede Woche zum Stammtisch. Erdnussflips gibt's dazu, wenn ihr Hunger habt, und sogar Rindwürstchen (im Teekocher erhitzt), wenn ihr lieb fragt.

Beliebt sind die Plätze weiter hinten an den Tischen aus Bierfässern oder die hängenden Holzsitze mit Eisenketten vorne an der Theke, die von einem Kettenkarussell stammen. Wem der Rauch zu viel wird: Draußen hat Ivo in Holzwagen ganz nach Kutschermanier neue Plätze erbaut. Aber dort fehlt euch natürlich die Sicht auf den Wirt und das Pferd – und genau die beiden machen die Gute Stute zum absoluten Kult.

MIT EINER BESONDEREN TRAMBAHN DIE STADT ENTDECKEN

EBBELWEI-EXPRESS

www.ebbelwei-express.de

Den roten Sightseeing-Hop-on-Hop-off-Bus kennen wir alle. Sitzend die Stadt erkunden geht in Frankfurt samstags und sonntags aber mindestens dreimal so cool:

1. Im bunt bemalten Ebbelwei-Express wird – wie sollte es anders sein – das hessische Nationalgetränk »Eppelwoi« (oder auch Äppelwoi, Ebbelwoi, Eppelwei) gereicht, entweder als »Gespritzter« mit Mineralwasser gemischt oder auch pur.

2. Zum Schunkeln und Mitsingen gibt es die kultigsten Hits, die Hessen zu bieten hat: »Frau Rauscher aus der Klappergass«, der extra komponierte Klassiker »In unserem Ebbelwei-Express« von Ossi Trogger und dem Männerchor der Stadtwerke Frankfurt am Main und viele Lieder mehr, bei denen ihr nach einmal hören garantiert den Refrain mitsingen könnt.

3. Ihr seid auf Schienen unterwegs und erkundet die Stadt im gemütlichen Tempo: Wie vor 100 Jahren, auf Holzbänken – Klappern und Knacken inklusive – und das Beste: natürlich ohne Stau!

Einmal quer durch die Stadt geht die kurzweilige Fahrt und ihr könnt – ganz im Hop-on-Hop-off-Stil – an allen Stationen zusteigen und auch wieder aussteigen: Der Ebbelwei-Express hält unter anderem am Römer, am Zoologischen Garten und am Historischen Museum, wo ihr das historische Erlebnis abrunden könnt.

Und noch ein Extra-Tipp: Wenn es mal »ein bisschen mehr sein darf«, könnt ihr auch gleich ein ganzes Ebbelwei-Express-Abteil für euch und eure Lieblingsgäste reservieren!

PER FÄHRE ZUM
SCHLOSSPARK SCHIPPERN
RUMPENHEIMER SCHLOSSPARK

Rumpenheimer Schloßgasse 20, 63075 Offenbach am Main
ÖPNV: Haltstelle Offenbach (Main) – Rumpenheim Schloßpark

Die Schiffsklappe fällt zu, und schon tuckern wir mitsamt unseren Fahrrädern mit der Rumpenheimer Mainfähre über das Wasser. Die Überquerung dauert nur fünf Minuten und kostet wenige Eurocent – und ist ein schöner Auftakt zu unserem Ausflug in den Rumenheimer Schlosspark. Die Kuppe des Schlosses erblicken wir bereits von der Fähre aus.

Auf dem Weg zum Schlossgarten kommt ihr automatisch an dem Innenhof des Schlosses vorbei und staunt bestimmt nicht schlecht: Das Gebäude, ursprünglich aus dem Jahre 1678, ist wirklich wunderhübsch anzuschauen. Im Mittelalter gehörte es dem Grafen von Hanau, im 19. Jahrhundert war es Schauplatz großer Feste des europäischen Hochadels. Während des Zweiten Weltkrieges wurde es so schwer zerstört, dass erst eine Bürgerinitiative in den 1980er Jahren den Wiederaufbau der Ruine voranbrachte und die Räumlichkeiten zu privaten Wohnungen umbaute.

Noch schöner und ruhiger ist der versteckte, denkmalgeschützte Schlosspark, an dem viele Fahrradfahrer am Main achtlos vorbeifahren. Er entstand im Stil eines englischen Landschaftsgartens des 18. Jahrhunderts und wurde damals schon mit einheimischen und ausländischen Bäumen bepflanzt. Folgt unbedingt den verschlungenen Wegen und entdeckt die imposanten Riesenbäume, Linden und Eichen.

Die unterschiedlichsten Gebäude schmücken das Gelände, wie zum Beispiel der filigrane türkische Pavillon mit dem charakteristischen Halbmond, welcher bei Parkfesten als Theaterbühne für Schauspiele in historischen Kostümen genutzt wird. Wir legen auf dem schattigen Podest des Pavillons einen Zwischenstopp zum Picknicken ein und können euch diesen besonderen und meist menschenleeren Ort wirklich nur ans Herz legen!

AN DER HESSISCHEN CÔTE D'AZUR ENTSPANNEN
ALTE SCHIFFSMELDESTELLE HÖCHST

Am Mainufer in Frankfurt-Höchst (Höhe Süwag)
Für Navigationsgeräte: Schützenbleiche, 65929 Frankfurt
www.schiffsmeldestelle.de
ÖPNV: Haltestelle Hostatostraße

Stellt ihr euch auch manchmal die Frage: »Warum war ich noch nie hier, obwohl der Ort eigentlich nur einen Katzensprung entfernt ist?« Genau so wird es euch gehen, wenn ihr die Alte Schiffsmeldestelle in Höchst zum ersten Mal besucht, die von den Inhabern als »hessische Coté d´Azur« bezeichnet wird. Früher wurden an diesem Ort vorbeifahrende Schiffe registriert, heute findet ihr eine große Wiese mit Liegestühlen, aus denen ihr einen wunderbaren Blick auf den Main habt (Schiffe müsst ihr heute nicht mehr zählen …).

Gegen den Mini-Hunger bekommt ihr in der Höchster Sommerlocation Brezeln und Spundekäs, und gegen den Maxi-Durst gibt es unter anderem leckere Cocktails. Richtig gemütlich wird es abends, wenn der Platz von Fackeln und Kerzen erleuchtet ist, und in lauen Sommernächten habt ihr dort ganz sicher mit eurem Lieblingsmenschen an der Seite einen der romantischsten Plätze der Stadt geentert.

Und wenn euch an einem Wochenende mal nach ein bisschen mehr Abwechslung ist: Von der Schiffsmeldestelle aus könnt ihr mit der Main-Fähre auch zur »Drei-Strandbar-Tour« aufbrechen. Sie führt von der Alten Schiffsmeldestelle Höchst zur Kelsterbar, einer Strandbar, die direkt am Kelsterbacher Mainufer liegt. Dort warten ein Holzdeck mit etwa 80 Sitzplätzen, Sonnenwiesen mit Liegestühlen und ein Biergartenbereich. Zum Futtern wird hier unter anderem ofenfrischer Flammkuchen, Spundekäs und frischer Wurstsalat angeboten, und gegen den Durst werden neben alkoholfreien Getränken auch aus-

gesuchte Weine und gezapfte Weißbiere serviert. Außerdem toll: Es gibt Hüpfburgen für die Kleinen und Livemusikabende für die Großen.

Das dritte Ziel ist die Uferbar in Okriftel. Auch hier könnt ihr super die Sonne und ein kühles Bier in gemütlichen Klappstühlen genießen und so den Tag entspannt mir eurem Lieblingsmenschen ausklingen

lassen. Und wenn der Magen anfängt zu knurren, gibt es etwas gegen den kleinen Hunger. – Übrigens, auf der Mainfähre könnt ihr direkt zur »Schwanheimer Düne« schippern, ein Naturschutzgebiet, in dem es seltene Pflanzen wie Silbergras und Tiere wie Eidechsen gibt. Durch die urige Landschaft gibt es einen Weg aus Holzbohlen.

Warum waren die meisten also noch nicht hier? Die Alte Schiffsmeldestelle liegt im Frankfurter Stadtteil Höchst, der sonst oft nur als einer der größten Chemie- und Pharmastandorte Europas bekannt ist. Aber dass Höchst noch viel mehr zu bieten hat, das seht ihr auch schon auf dem Weg zur Schiffsmeldestelle: Ihr kommt durch eine wunderschöne Altstadt mit einem historischen Schlossplatz, der mit Fachwerkhäusern gesäumt bei vielen Frankfurtern genau wegen dieser historischen Bebauung als einer der schönsten Plätze der Stadt gilt. Er beherbergt drei richtig urige Traditionsgaststätten: die »Alte Zollwache«, »Zum Bären« und »Zum Schwan«. Aber wir wollten ja nicht futtern, sondern zur Schiffsmeldestelle. Also verlasst ihr den Schlossplatz durch den Torbogen des Zollturms, dem Vorläufer des Höchster Schlosses. Nach wenigen Metern seht ihr – über die Höchster Stadtmauer hinweg – den Main und dann rechter Hand die Alte Schiffsmeldestelle.

HISTORISCHE PUNKTE
ENTLANG DER ESCHENHEIMER ANLAGE

Der Frankfurter Anlagenring verläuft heute als Grünanlage entlang der alten Stadtbefestigung und erstreckt sich etwa vier Kilometer nördlich des Mains von Osten nach Westen. Ein Teilstück davon, die Eschenheimer Anlage, zieht sich einen Kilometer lang vom Friedberger Tor bis zum Eschenheimer Tor und glänzt mit einigen historischen und auch ansonsten sehenswerten Punkten:

➤➤ Denkmal von Anton Kirchner, in Frankfurt geborener evangelischer Pfarrer, Historiker, Prediger und Lehrer, der unter anderem das Frankfurter Schulsystem 1824 reformierte
➤➤ Denkmalgeschütes Maurisches Haus mit sternförmigen Fenstern, im 19. Jahrhundert im orientalischen Stil erbaut von J. F. Weinsprenger
➤➤ Sandsteinskulptur »Sitzender« von Michael Siebel und Bronzeskulptur »Betty« von Wanda Pratschke
➤➤ Denkmal von Philipp Reis, dem Erfinder des Telefons, welches er 1861 in Frankfurt vorstellte
➤➤ Versteckter begrünter Bürgerpark mit kleinem Wandbrunnen und einer Sonnenuhr
➤➤ Das Flemming Hotel, früher Bayer Haus, aus den 1950er Jahren mit öffentlicher Dachterrasse

TIPP

AN FRANKFURTS SCHÖNSTER TRINKHALLE PAUSIEREN
WASSERHÄUSCHEN FEIN

Petersstraße 4, 60313 Frankfurt am Main
www.facebook.com/feinfrankfurt
ÖPNV: Haltestellen Hessendenkmal, Musterschule oder Konstablerwache

Um in Frankfurts Zentrum von Ost nach West zu kommen, tut es meist die Einkaufsmeile »die Zeil« als direktester Weg. Eine schöne Alternative ist allerdings der Frankfurter Anlagenring, der um die Wallanlagen entlang der alten Stadtbefestigung aus dem 19. Jahrhundert verläuft. Autos fahren dort keine, und Wege gibt es mehrere, sodass sich Fußgänger, Jogger und Fahrradfahrer selten in die Quere kommen. In regelmäßigen Abständen taucht als besonderes Highlight für die Kleinen auch ein Spielplatz auf.

Entlang der Grünanlage selbst findet ihr keine großen Einkehrmöglichkeiten – bis auf eine Ausnahme: das niedliche Wasserhäuschen Fein an der Eschenheimer Anlage. Fein hat sich durch viel Liebe zum Detail von einer ehemaligen Trinkhalle zu einem schmucken kleinen Café gewandelt. Neben Getränken wie Kaffee und Bier bietet die Besitzerin Elke Löscher auch leckeren, selbst gebackenen Kuchen und andere Kleinigkeiten an.

Draußen sitzt ihr wunderschön im Grünen unter Eichenbäumen; die Sitzgelegenheiten variieren von alten Bierbänken über Eisenstühle und einem alten Schulpult bis zu Omas Couch. Kultig ist der rosafarbene Sessel, der täglich verrutscht wird und somit immer an einer anderen Ecke auftaucht. Sogar ein alter, nicht mehr funktionierender Kaugummiautomat wurde als Ablage umfunktioniert; auf ihm prangen nun frische Blümchen und ein kleiner Kronleuchter, der für noch mehr Vintage-Look sorgt. Das Fein, zentral und doch versteckt mitten im Grünen, ist an regenfreien Tagen immer einen Besuch wert!

WIE IN VERGANGENEN ZEITEN FEIERN

LOGENHAUS

Finkenhofstraße 17, 60322 Frankfurt am Main
www.logenhaus-bar.com
ÖPNV: Haltestelle Grüneburgweg

Die spätklassizistische Villa Nummer 17 in einer kleinen Seitenstraße im Nordend ist ein geschichtsträchtiges Logenhaus, welches eine ganz besondere Cocktailbar beherbergt. Um Einlass zu erhalten, müsst ihr zunächst die kleine Klingel finden und ein paar Minuten warten, bis der adrett gekleidete Salonmeister euch Einlass gewährt. Hört sich nach rahmengenähtem Lederschuh an, aber keine Sorge, hier ist auch ein gewöhnlicher Sneaker höchst willkommen, auch wenn es die in den 1920er Jahren noch gar nicht gab. Genau aus dieser Zeit mutet das Innere der Bar nämlich an: Eingetaucht in warmes Licht und Kerzenschein, und umgeben von Sesseln, Kronleuchtern und Kristallgläsern aus vergangenen Jahrzehnten, fühlt ihr euch wie auf einer glamourösen Reise in vergangene Zeiten.

Dazu gehören natürlich die passenden Getränke, die euch Barchef Tim Junker stilecht serviert. Dafür kreiert er aus 80 verschiedenen Ginsorten die leckersten Cocktails, zum Beispiel einen Prince of Wales mit edlem Champagner, lecker! Wer sich überraschen lassen will, lässt sich beraten und bekommt eine Kreation gemixt, die der Barchef eigens für euch zaubert.

Wenn es euch im Sommer mit dem Lieblingsmenschen nach draußen zieht, dann könnt ihr euren Cocktail ab Mai auch sehr gut im Gartensalon genießen: mit Brunnen, knirschenden Kieswegen, einer Grillstation und selbstverständlich einer Vintage-Outdoorbar.

Wir sind seit dem ersten Besuch Fans vom Logenhaus!

DAS FEIERABENDBIER
AM MAINUFER GENIESSEN

ORANGE BEACH

Gutleutstraße 391, 60327 Frankfurt am Main
www.orangebeach-frankfurt.de
ÖPNV: Haltestelle Briefzentrum

Jetzt kommt Großstadtromantik: Der Besitzer vom Orange Beach, Olaf Gries, ist ein ehemaliger Aussteiger, der nach Frankfurt zurückgekommen ist und sich mit seinem letzten Geld einen kleinen heruntergekommenen Kiosk am Mainufer gekauft hat. Mittlerweile haben Olaf und sein Kiosk in Frankfurt Kultstatus erreicht. Weißen Sand, gemütliche Liegen, Snacks und Getränke findet ihr am Mainufer zwar häufig, aber hier steht der sympathische Chef, der immer für ein Schwätzchen bereit ist, jeden Tag selbst hinter der Theke.

Zu erzählen gibt es im Orange Beach genug, zum Beispiel von dem Tag, an dem der Kiosk vor ein paar Jahren restlos niedergebrannt wurde. Normalerweise hätte dies das Aus bedeuten können, aber weil Olaf mit seinem Orange Beach so beliebt ist, rettete ihn ein Aufruf in den sozialen Netzwerken. Die Leute spendeten wie verrückt und halfen mit: Es wurde gepflanzt, Bretter wurden zusammengenagelt, und der kleine Kiosk wurde so Stück für Stück wieder zum Leben erweckt, schöner als je zuvor! Und wenn das Gespräch mal von einem über die Niederräder Brücke ratternden Zug unterbrochen wird, genießt ihr einfach den Blick auf den Main.

Im Orange Beach könnt ihr direkt am Main in Liegestühlen sitzen, mit phantastischen Menschen quatschen, euer Feierabendbier genießen oder am Wochenende bei einer Radtour einen kurzen Stopp einlegen – und, um wieder auf die Großstadtromantik zurückzukommen, beim ersten Date mit 'nem richtig coolen Geheimtipp glänzen.

Guckt unbedingt auf die Homepage: Im Orange Beach gibt es immer mal wieder kleine Live-Konzerte!

MIT DEM SCHATZ
ÜBER DEN SEE SCHIPPERN
PALMENGARTEN

Der Palmengarten befindet sich neben dem Grüneburgpark,
Siesmayerstraße 63, 60323 Frankfurt am Main
ÖPNV: Haltestelle Bockenheimer Warte oder Westend

Wenn ihr mit einer Picknickdecke auf einer perfekt gestutzten Wiese liegen und das hochherrschaftliche Gefühl eines Blaubluts haben wollt, dann müsst ihr in den Palmengarten mitten in der Frankfurter City. Auf 200 Hektar findet ihr einen der größten öffentlichen Gärten Deutschlands, mit 13.000 subtropischen und tropischen Pflanzen. Also lasset uns lustwandeln, gerne auch zum parkeigenen See. Zugegeben: Tretbootfahren ist weniger royal, macht aber trotzdem einen königlichen Spaß und ist hier absolut exklusiv, denn den nächsten Tretbootverleih findet ihr tatsächlich erst wieder in Hanau. Und was ist romantischer, als mit dem Schatz auf dem kleinen See mitten im Park durch das gleißende Abendlicht zu schippern.

Definitiv schon mal im Kalender vormerken: Am zweiten Wochenende im Juni, wenn die Rosenblüte besonders schön ist, wird im Palmengarten das Rosen- und Lichterfest gefeiert und zwar schon seit 1931. Dann erstrahlen abends im Dunkeln tausende Teelichte und sorgen so im Park für romantische Stimmung. Zu den Höhepunkten gehört das traditionelle Feuerwerk am Bootsweiher am Samstagabend.

Ein weiteres Highlight ist die weltweit älteste Open-Air-Jazz-Konzertreihe »Jazz im Palmengarten«. Alle vier Donnerstage im August gehören dem musikalischen Nachwuchs: Hier spielen junge Jazzmusiker vor der tropischen Kulisse und beschallen Park und Nachbarschaft.

IM STADT-BIOTOP
DIE SEELE BAUMELN LASSEN
LICHT- UND LUFTBAD IN NIEDERRAD

Niederräder Ufer 10, 60528 Frankfurt am Main
www.lilu-frankfurt.de
ÖPNV: Haltestelle Heinrich-Hoffmann-Straße/Blutspendedienst

»Eine Insel der Erholung, ein Rückzugsraum ohne Kommerz und Beachkultur.« So beschreiben die Macher des Licht- und Luftbads, kurz Lilu genannt, das Biotop, das am Rande der Frankfurter Innenstadt liegt. Sie haben damit definitiv recht.

Hier picknickt ihr mit euren Lieblingsmenschen gemütlich auf der Wiese, lest auf einer der Bänke am Mainufer ein Buch, lasst euch im Café bedienen oder mietet direkt eine von den Grillstationen und feiert bis zum Sonnenuntergang. Dabei tut ihr auch noch etwas Gutes: Der Betreiber, die Transfer-Werkstatt, ist eine Integrationseinrichtung, die Menschen aus prekären Verhältnissen Arbeit und neue Perspektiven gibt.

Einen sozialen Aspekt hatte das Lilu übrigens schon immer: 1900 wurde auf der Insel ein Flussschwimmbad eröffnet, das Arbeiterfamilien zur körperlichen Erholung von schweren Arbeiten diente, und zur Zeit des Nationalsozialismus war die Insel das letzte öffentliche Bad, das jüdischen Menschen zugänglich war.

Mitte der 1950er Jahre erhielt das Schwimmbad einen neuen Namen und wurde zum Licht- und Luftbad umgetauft: Der Main war damals so verschmutzt, dass das Schwimmen verboten werden musste. Obwohl die Wasserqualität heute als gut gilt, gibt es am Main kein einziges Flussschwimmbad mehr. Macht nichts, es gibt ja das Lilu: eine Schutzzone für die Natur und für die Menschen ein Erholungs- und Ausflugsziel, an dem ihr auch mal die Füße ins Wasser stecken könnt.

SICH MIT DEM LIEBLINGSMENSCHEN GRUSELN
GRUSELTOUR FRANKFURT

Ghosttours von Morticus
Treffpunkt: Domplatz 1, 60311 Frankfurt am Main
www.morticus.info
ÖPNV: Haltestelle Dom/Römer

»Es sind die Augen des Teufels, die durch die Wirklichkeit schimmern und nicht verblassen wollen.« Das klingt jetzt nicht wirklich romantisch, aber auch bei dieser Tour könnt ihr eurem Lieblingsmenschen näherkommen. Viel näher sogar, wenn ihr euch zum Beispiel vor Angst bibbernd an ihm festklammert! Denn ein bisschen zum Fürchten sind die Gruseltouren (Ghosttours) des Veranstalters Morticus auf jeden Fall!

Und weil ihr ja Frankfurt ein bisschen besser kennenlernen wollt (warum sonst hättet ihr dieses Buch in der Hand), empfehlen wir die Touren, bei denen es neben Mord und Todschlag auch um die Geschichte dieser wunderbaren Stadt geht. Touren dazu gibt es genug, wie zum Beispiel:

1. »Der schwarze Tod«: Hier erfahrt ihr unter anderem, wie sich damals die Pestärzte schützten und warum die Pest 1667 aus Frankfurt plötzlich für immer verschwand – sehr unterhaltend und natürlich mit viel Horror gespickt!

2. »Der Henker des Grauens«: Ein Henker im blutroten Gewand jagt durch die Gassen Frankfurts. Der Teufel ist hinter ihm her, und er muss sein Werk vollenden. Zwischen Wahnsinn und Vernunft bittet er seine Gäste zum Schafott. Eine Stadttour mit Grusel und viel Wissen über Frankfurt.

3. »Der alptraumhafte Sandmann«, den wir uns einmal genauer angeguckt haben:

Der erste Schauer läuft dem einen oder anderen schon den Rücken hinunter, wenn der jeweilige Schauspieler zur Führung passend gruselig kostümiert da steht, sich selbst mit einer Taschenlampe anleuchtet und die Teilnehmer mit tiefer Gruselstimme begrüßt. Beim »alptraumhaften Sandmann« geht es dann auch direkt ab der ersten Minute in

die Vollen; wir erfahren, dass die Großmutter unseres Tourenguides neue Augen braucht, weil sie ihr Augenlicht verloren hat und sie ihm nicht mehr vorlesen kann. Sensible Gemüter treten aus Reflex jetzt schon lieber einen kleinen Schritt zurück. Neben den kleinen gruseligen Anekdoten, zum Beispiel darüber, wie der Oma des Sandmanns die verschiedenen Augenfarben munden (Lieblingsmenschen mit blauen Augen können hier aufatmen, diese schmecken ekelhaft bitter), lernt ihr bei einer Gruseltour viel über die Stadt und das Leben in Frankfurt zu Zeiten, als hier noch Hexen verbrannt wurden. »Oft stieg schwarzer Rauch auf, Rauch wie von einem Scheiterhaufen und die armen Frauen wimmerten vor Schmerzen« …

Am Ende habt ihr dann nicht nur die Hose voll, ihr habt auch einiges an Klugscheißer-Wissen parat: Zum Beispiel hieß die Galluswarte mal Galgenwarte, und auf dem Bogen des eisernen Stegs gibt es einen griechischen Schriftzug mit einem Zitat aus Homers »Odyssee«. Das wurde dort anlässlich des 250. Geburtstags von Goethe angebracht und heißt auf Deutsch: »Auf weinfarbigem Meer segelnd zu anderssprachigen Menschen«.

Die Gruseltour startet am Frankfurter Dom, geht dann durch die Altstadt, über den Eisernen Steg und endet an einem kleinen, wie aus dem Nichts auftauchenden Haus im Metzler Park. Es ist das Haus der Großmutter – ihr wisst schon, die vom Anfang. Augen zu und durch! Applaus! Der imaginäre Vorhang fällt, eure Augen dürft ihr behalten! Gruselig schön war's!

WO IHR EUCH IN FRANKFURT AUCH NOCH GRUSELN KÖNNT

➤➤ Krimi-Escape-Room

In diesem Raum seid ihr nicht allein, und was es auch ist, es meint es nicht gut mit euch! Wer die Geschichte aufklären will, traut sich trotzdem rein.
www.secretescapegame.com/the_roof

➤➤ Live-HörSpiel-Krimi

Das hr2-RadioLiveTheater bringt Hörspiel-Krimis live auf die Bühne. Mit Sprechern, Live-Musik und handgemachten Geräuschen werden »Sherlock und der Hund von Dartmoor« zum Leben erweckt oder in »Der Hexer kehrt zurück« jede Menge Leichen im Londoner Nebel gefunden.
Weitere Infos auf: www.RadioLiveTheater.de

➤➤ Krimischiff

Beim Krimispektakel »Club ‚La Palmera' – Mörder machen keinen Urlaub« kommen die Gäste der Ferienanlage »La Palmera« zum großen Abschlussdinner zusammen. Es wird getanzt, gefeiert und gelacht. Doch irgendetwas stimmt hier nicht: Es gibt mysteriöse Botschaften und geheimnisvolle Zeichen. Während eines Drei-Gänge-Menüs rätselt ihr hier, wer der Täter ist.
www.primus-linie.de/de/fahrten/krimi-schiff-iii-club-la-palmera-moerder-machen-keinen-urlaub-41.html

TIPP

FEST VERANKERT SEIN
YACHTKLUB

Sachsenhäuser Ufer, 60594 Frankfurt am Main
www.yachtklub.de
ÖPNV: Haltestelle Konstablerwache

Wir haben schon Freunde aus anderen Städten in den Yachtklub eingeladen, und als sie dann vor dem Eingang standen, waren sie mit ihrem Anzug und ihrem Kostümchen ziemlich unpassend angezogen. Der Grund: Der Yachtklub Frankfurt ist kein Club von Yachtbesitzern, wie wir ihn aus St. Tropez und Monaco kennen, hier tummeln sich weder Schickimickis noch die High Society; stattdessen wartet auf euch ein Schiff, auf dem ihr entspannte Lieblingsmenschen trefft, die meist eher casual an Deck kommen.

Egal, ob ihr auf diesem schwimmenden Unikat am Bug in der Sonne euren Nachmittagscappuccino trinkt, am Abend mit Kollegen euer Feierabendbierchen schlürft oder am Wochenende nachts im Innern des Schiffs tanzt, bis euch das erste Vogelzwitschern nach Hause schickt, der schwimmende Club ist einer der »Places to be« in unserem wunderschönen Frankfurt. Ihr findet ihn – fest verankert – am Sachsenhäuser Ufer, Höhe Alte Brücke. Vielleicht hört ihr schon von Weitem die Musik, die in diesem Fall selten aus der Kommerzecke kommt, und seht darauf die Leute, denen der Dresscode – Verzeihung – scheißegal ist.

Hier könnt ihr einfach viel erleben: Ruhige Nachmittage, durchtanzte Nächte, Swing- und Tangoabende und lässige Bar-Atmosphäre – der Yachtklub ist definitiv ein Traumschiff, das für euch von Anfang April bis Ende Oktober auf dem Main festmacht. Und noch ein Highlight gibt es für dich und deinen Lieblingsmenschen, wenn ihr einfach mal nur zuhören wollt: Einmal im Monat steigt eine Literaturveranstaltung, zu der immer auch mehrere Autoren kommen, um über für Frankfurt spezifische Themen zu sprechen.

BEI MUKKE IM GADDE
LÄSSIG ABGROOVEN
NEUER FRANKFURTER GARTEN

Bienen Baum Gut e.V., Danziger Platz, 60314 Frankfurt am Main
www.neuerfrankfurtergarten.de
ÖPNV: Haltestelle Ostbahnhof

Ihr habt Lust, eurem Partner mal eine ganz andere, alternative Location vorzuschlagen? Wollt mal ein bisschen Schwung in eure Dates reinbringen und euch zu zweit nicht mehr nur einfach an den Tisch oder vor die Leinwand setzen? Dann merkt euch den Neuen Frankfurter Garten am Danziger Platz im Ostend vor!

Der Garten mit seinen großen Bäumen und seiner Pflanzenvielfalt ist die coolste und grünste Verkehrsinsel der Stadt, umrahmt von teuren Neubauten und fancy Restaurants ganz in der Nähe der Europäischen Zentralbank. Als bio, regional, saisonal und klimagerecht versteht sich dieses versteckte grüne Öko-paradies und bildet zu der direkt umliegenden gehobenen Gegend ein wunderschönes Kontrastprogramm.

Naturführungen durch den Bienen-Baum-Wipfelpfad, »Weiberkram«-Mädchenflohmärkte und das Mini-Festival »Market for Future« sind nur einige der zahlreichen Angebote des gemeinnützigen Vereins Bienen Baum Gut e.V. Am wärmsten können wir euch die sensationelle Mukke im Gadde empfehlen: Immer Freitagabends tritt hier eine kleine Band auf und sorgt für chillige Musik.

Die Bands versuchen zum Mittanzen zu animieren und hin und wieder bewegt sich auch jemand zum Takt, aber die Strandstühle sind einfach zu gemütlich und die Stimmung zu lässig, als dass hier intensiv das Tanzbein geschwungen wird.

Für Drinks und Snacks müsst ihr nicht mal selbst zur Bar laufen, sondern wedelt einfach mit dem Getränke- und Speisen-Winker aus Holz und wartet, bis jemand vom Team geflitzt kommt. Praktisch, dass man am Eingang für 10 Euro pro Person schon eine Verzehrkarte erhalten hat – der Eintritt ist ansonsten kostenlos.

MIT BIERTRINKERN UND KUNSTFANS IN DEN ABEND CHILLEN

YOK YOK

Münchener Straße 32, 60329 Frankfurt am Main
ÖPNV: Haltestelle Hauptbahnhof

Das Yok Yok im Bahnhofsviertel ist auf den ersten Blick ein Kiosk, wie es ihn in Frankfurt tausende Male gibt. Bei Leuten, die den verruchten Charme des Bahnhofsviertels mögen, ist das Yok Yok aber um einiges mehr. Es ist ein Ort, an dem man nicht die übliche Kioskkundschaft antrifft, sondern mit den vielfältigsten Menschen – vom Studenten bis zum Anzugträger – die unterschiedlichsten Biere trinkt. Im Kühlschrank des Yok Yoks stehen nämlich Biersorten aus aller Welt und das Beste: Hier bekommt ihr drei Biere für den Preis von einem in der Szenebar nebenan. Also: Preis – Check! Getränkeauswahl – Check! Aber der eigentliche Grund, warum sich jeden Abend hunderte Menschen vor dem Kult-Kiosk versammeln, ist die zwanglose, verruchte Atmosphäre und die netten Gespräche.

Im Übrigen ist das Yok Yok schon lange nicht mehr nur ein Getränkemarkt und ein Szenetreffpunkt: Die Übersetzung von Yok Yok ist »gibt's nicht, gibt's nicht«, und getreu diesem Motto gibt es in diesem Kiosk wirklich alles, sogar eine Kunstausstellung. »Kunst zum Anfassen«, wie der Besitzer Nazim Aldemar es nennt. Außerdem notiert er sich gerne die Kaufwünsche seiner Kunden und versucht, alles so schnell wie möglich zu besorgen. Vom Fahrrad-Flickset bis zum Auspuff hat er schon alles bestellt. Seit vier Jahren hat das Yok Yok übrigens auch eine Dependance im Galerienviertel. In der neuen Location könnt ihr an regnerischen Tagen drinnen sitzen, und auch dort gibt es richtig gute Kunst zu bestaunen.

MIT EXKLUSIVEM SERVICE PICKNICKEN
FALKENSTEIN-HOTELPARK

Falkenstein Grand, Debusweg 6–18, 61462 Königstein im Taunus
brhhh.com/falkenstein-grand
ÖPNV: Die Bahnstation Königstein ist 2,7 Kilometer vom Hotel entfernt

Wer sich einmal wie die Reichen und Schönen fühlen will, traut sich und schlendert einfach durch das Foyer des Falkenstein Grand-Hotels hindurch. Am Ende der beeindruckenden Lobby führen vier Treppenstufen nach unten in den zauberhaften Park des Hotels. Kurz stehenbleiben, tief einatmen und den Blick auf die Frankfurter Skyline genießen lohnt sich auf jeden Fall. Gerade in den Sommermonaten duftet es hier oft genug nach frisch gemähtem Rasen, und der Ausblick ist phänomenal!

Am Eingang zum Park stehen dann auch schon die von euch vorbestellten und lecker gepackten Picknickkörbe (nach Wunsch wahlweise vegetarisch oder für Fleischliebhaber) plus Picknickdecke bereit.

Ihr könnt einfach zugreifen und mit dem Schatz ein passendes Plätzchen unter freiem Himmel suchen. Kleiner Tipp: Wer direkt zu Beginn um 12 Uhr kommt, hat gute Chancen, noch einen der schönsten Plätze im Schatten der jahrhundertealten Bäume zu bekommen.

Von dort bitte noch einmal den Blick auf das edle Hotel richten und sich kurz wie Königin und König fühlen, dann darf aber endlich gegessen werden: Zur Auswahl stehen Leckereien wie Quiche, Antipasti-Gemüse, Gemüsesticks mit Sour Creme, Bulgursalat mit Koriander, Käsewürfel, frische Erdbeeren und französisches Baguette. Das Ganze wird gekrönt von frisch gegrillten Burgern, bei denen ihr die Wahl zwischen dem Brioche-Bun-Beef-Burger mit hausgemachter BBQ-Sauce oder dem Brioche-Bun-Auberginen-Burger mit hausgemachter

Avocadocreme und gegrillter Paprika habt. Lecker sind sie beide!
Wer dann noch Platz im Bauch hat, genießt zum Nachtisch ein Stück
Kuchen vom Blech und eine frisch gebrühte Tasse Kaffee. Beides wird
euch direkt an die Decke gebracht! Oder ihr bestellt euch eine Flasche
eisgekühlten Sekt. Prost!

Noch ein Tipp für Musikliebhaber: Schaut unbedingt einmal auf

die Internetseite des Hotels – das phantastische Picknick gibt es immer wieder auch umrahmt von Live-Jazzmusik!

Bleibt nur noch eine Frage: Wie bekommen wir die Kalorien jetzt wieder los? Auch das ist kein Problem, euer Trainingsgelände liegt direkt vor der Tür. Auf geht's zur Burg Falkenstein! Vom Hotel aus lauft ihr in Richtung Kriegerdenkmal und folgt der Markierung des Burgenwegs. Der verbindet die Burgen Königstein, Falkenstein und Kronberg, für alle, die länger unterwegs sein wollen. Wer nur einen kurzen Spaziergang machen will, läuft noch circa 100 Meter und kommt dann zur Burg Falkenstein, die euch mit einem wunderschönen Rundblick belohnt.

Doch nicht nur der Burgenweg ist eine Wanderoption. Direkt hinter
Burg Falkenstein findet ihr den Louisentempel. Schon aus der Ferne
hört ihr hier Papageien schreien und Elefanten trompeten. Der Kronberger Opelzoo ist aber nicht nur zu hören, sondern auch aus der Ferne
zu sehen: Hier könnt ihr Zebras auf der Wiese oder die gemütlichen
Kamele in ihrem Gehege beobachten. Wer die Tiere aus der Nähe sehen
will, wandert bis zum sogenannten Philosophenweg. Der führt direkt
durch den Zoo und ist kostenfrei, weil er der Gemeinde Königstein/
Kronberg gehört!

Am Ende dieses Ausflugs habt ihr sicherlich die Kalorien vom Picknick (fast) wieder weg gewandert. Zeit für die nächste Kaffeepause!

MIT DEM LIEBLINGSMENSCHEN

*Miteinander
entspannen*

FÜR EIN PAAR STUNDEN INS KLOSTER GEHEN
KARMELITERKLOSTER

Münzgasse 9, 60311 Frankfurt am Main
stadtgeschichte-ffm.de
ÖPNV: Haltestelle Willy-Brandt-Platz oder Karmeliterkloster (Kornmarkt)

Wenn euch draußen zwischen den Hochhäusern der Frankfurter Innenstadt ungemütlich werden sollte – zu voll, zu heiß oder zu nass –, dann kehrt dem Trubel den Rücken und geht für eine Weile ins Kloster! Dafür müsst ihr euch gar nicht weit weg bewegen, denn keine 500 Meter von der Shoppingmeile Zeil entfernt, am westlichen Rande der Altstadt, steht das Karmeliterkloster.

Das Kloster ist die letzte erhaltene mittelalterliche Klosteranlage Frankfurts und wurde im 13. Jahrhundert von den Karmeliten errichtet, einem in Palästina gegründeten Bettelorden. Im Zweiten Weltkrieg wurde das Gebäude durch Bombenangriffe stark beschädigt. Heute beherbergt das aufwendig sanierte und denkmalgeschützte Kloster mit dem Stadtarchiv und dem Archäologischen Museum die Geschichte Frankfurts und ist damit sozusagen das Gedächtnis der Stadt.

Der Eintritt ist frei und der Besuch dank ständig wechselnder Veranstaltungen und Ausstellungen absolut lohnenswert. Ihr könnt aber auch wunderbar einfach nur durch die imposanten Innenräume und den schönen Garten schlendern. Entlang der Gänge beindrucken nämlich bereits gotische Spitzbögen und Wandgemälde, die von dem schwäbischen Maler Jörg Ratgeb aus dem 16. Jahrhundert stammen. Besonders imposant ist das fast 30 Meter lange Gemälde an der Südwand im Refektorium, welches die Geschichte des Karmeliterordens widerspiegelt.

MIT EINEM COCKTAIL IN DEN FEIERABEND SCHAUKELN

SENSASION

Bethmannstraße 19, 60311 Frankfurt am Main
sensasion.de
ÖPNV: Haltestelle Willy-Brandt-Platz

Wir möchten ehrlich sein: Auf den ersten Blick vermittelt diese Location vermutlich den Eindruck einer Schickimicki-Bar. Und da sich die SenSaSion-Bar in der Frankfurter Innenstadt selbst definiert als eine Kombination aus einem High-End-Restaurant und einer Beauty-Oase, liegt ihr auch gar nicht mal so falsch damit.

Lasst euch aber nicht abschrecken von dem Eindruck, hier gehe es nur oberschick zu, denn die SenSaSion kann mehr. Ja, abends zieht die Bar jüngeres Publikum an und entwickelt mit ihren Lichteffekten schon eher einen Clubcharakter. Der Bartender mixt die gängigen Cocktails – und wir müssen zugeben, dass diese tatsächlich sensationell sind (allen Gin-Liebhaber empfehlen wir den »Gin Basil Smash« und den »Fresh Garden«)!

Doch darüber hinaus beglückt SenSaSion zum einen mit wirklich schmackhaften Speisen – zur Mittagszeit mit einem umfangreichen Menü, für das die Köche jede Woche vier wechselnde Gerichte zur Auswahl stellen. Zum anderen ist die Bar drinnen irre gemütlich: Auf dem TV-Bildschirm lodert ein Lagerfeuer, dank der Schiebetüren wirkt die Bar offen, und in die türkisfarbene Lounge im Retrolook möchte man sich am liebsten gleich reinlümmeln. Ein Highlight wartet drinnen am geschwungenen Tresen: Direkt davor hängen zwei Schaukeln von der Decke, komfortabel und stabil genug, dass sie nicht nur als Deko dienen, sondern ihr zu zweit wunderbar mit einem Cocktail in den Feierabend schaukeln und aufs Wochenende anstoßen könnt!

ABKÜHLUNG FINDEN, WO NIDDA UND MAIN SICH KÜSSEN

WÖRTHSPITZE VON NIED

Mainzer Landstraße, 65934 Frankfurt am Main
Niddastrand: Oeserstraße 80, 65934 Frankfurt am Main
ÖPNV: Haltestelle Nied, Höchst oder Nied Kirche
Zu den Stromschnellen am Höchster Wehr: Haltestelle Nied

Ursprünglich befand sich im Westen Frankfurts, dort wo die Nidda in den Main fließt, einmal eine kleine Insel zwischen den beiden Flüssen. Die wurde allerdings so oft überschwemmt und schließlich so schlammig, dass man das Sumpfgebiet um 1800 trockenlegte.

Heute ist die Halbinsel mit Liegewiese, Spielfläche und Hundeauslauffläche bekannt als die Wörthspitze von Nied und Ausgangspunkt des Frankfurter GrünGürtel-Radrundwegs – ein etwa 64 Kilometer langer Radweg rund um Frankfurt. Startet ihr eure Radtour oder euren Spaziergang hier an der Nidda in Richtung Osten, landet ihr in gut fünf Rad- oder 15 Fußminuten an einer Sandbucht mit mehreren hübschen Stromschnellen, die die Einheimischen liebevoll »Nidda-Strand« nennen. Denn nur einen Katzensprung vom Flussufer entfernt befindet sich das bekannte Lokal, das diesen Namen offiziell trägt – zwar nett gemacht mit aufgetragenem Sand, Sonnenschirmen und einer Bar, aber ohne die Nidda.

An unserem geheimen Fleckchen seid ihr bestens aufgehoben, wenn ihr zum Pausieren und Snacken ein Plätzchen im Schatten sucht und eure Füße im Wasser abkühlen mögt. Es gibt immer mal wieder Waghalsige, die sich ihren wackeligen Weg durchs Wasser zu den großen Steinen im Fluss erkämpfen. Doch schwimmen ist hier verboten – und auch nicht ganz ungefährlich, denn die Stromschnellen können schnell und kraftvoll werden und der Strandabschnitt ist unbewacht! Vom Ufer und den Liegewiesen aus lässt sich die schöne Wasserstelle aber auch wunderbar im Trocknen genießen.

AUF EINER RIESENBANK
DIE BEINE BAUMELN LASSEN
XXL-SITZBANK

Am Wartbaum bei Windecken, Wartbaumstraße 1000, 61130 Nidderau
ÖPNV: Haltstelle Ostheim (Kreis Hanau)

Eben noch auf der lebendigen Berger Straße in Bornheim geshoppt, eine Viertelstunde später sind wir fernab des Treibens auf weiten Feldern, zwischen Bauernhöfen, unter Obstbäumen, neben Kunstwerken ... Wir finden, die Hohe Straße ist die abwechslungsreichste und erstaunlichste Fahrradroute der Welt!

Höher gelegen ist die Hohe Straße tatsächlich, und auch deshalb war sie damals im frühen Mittelalter schon so beliebt. Denn als das Terrain noch sumpfig war, kamen die Reisenden hier viel schneller und trockener ans Ziel. Kein Wunder, dass aus der Strecke eine wichtige Handelsroute von Frankfurt bis nach Leipzig wurde; sie war sogar Teil der historischen Route Via Regia, die von Santiago de Compostela im Nordwesten Spaniens bis in die Ukraine nach Kiew führte. Könige, Herrscher, Soldaten, Kaufleute, alles traf sich hier! Man kann sich schon ausmalen, dass die Zusammenkünfte nicht immer friedlicher Natur waren und sich Krankheiten vermutlich auch vermischten. Lustig: Auf etwa halbem Weg steht der große Lausbaum; er wurde so benannt, da sich damals die Händler hier vermutlich auf ihrer letzten Pause vor Frankfurt die Läuse aus den Haaren zogen!

Die Hohe Straße beginnt auf 90 Höhenmetern im Stadtteil Bergen am großen Feldstein. Mit etwa 300 Höhenmeter Unterschied führt euch die historische Straße auf und ab entlang wunderschöner Landschaften und Orte; theoretisch könntet ihr von Frankfurt Bergen-Enkheim fast 40 Kilometer bis nach Büdingen radeln. Da die Hälfte der Route asphaltiert ist, kämt ihr recht flott voran! Tatsächlich trainieren

hier immer mal wieder die Profis und Radsportler überholen wie der Blitz. Also immer schön rechts fahren und auf die Kleinen achten!

Wer zu schnell fährt, der verpasst allerdings die vielen eindrucksvollen Stationen, die entlang der Route kunstvoll errichtet wurden. Für die Vogelnestschaukel oder Himmelsschaukel am Galgenberg zum Bei-

spiel lohnt der Abstieg vom Fahrrad, und zwar nicht nur für Kinder! Überall verstecken sich Rastmöglichkeiten und Leseecken, mit herrlichen Weitblicken über die Felder. Wenn ihr aufmerksam bleibt, könnt ihr am Wegesrand die schönen Sitz- und Liegepodeste wie die Sichtachse »Kleine Loh« mit direktem Blick auf die Frankfurter Skyline entdecken.

Dem Himmel noch näher fühlt ihr euch auf der riesigen XXL-Sitzbank in der Nähe des Windecker Wartbaums, auf die ihr erst über eine Treppe hochlaufen müsst. Von dort habt ihr einen erstklassigen Blick über den Main-Kinzig-Kreis, den Spessart und über das Hanauer Land und könnt eure müden Beine ausschütteln. Bis zu zehn Personen findet hier Platz! Also vielleicht der geeignete Spot für das nächste Familienfoto?

Tipp: Im Spätsommer findet auf dem Höhenweg jedes Jahr zwischen Bergen-Enkheim bis Diebach am Haag ein Regionalparkfest mit netten Buden und Veranstaltungen am Wegesrand statt.

UNSERE LIEBLINGS-FRÜHSTÜCKS-CAFÉS

➤➤ Café Kante
In der Kantstraße 13 im Nordend-Ost

➤➤ Moloko
In der Kurt-Schumacher-Straße 1 in der Innenstadt
am Main

➤➤ Metropol
Das Kaffeehaus am Dom am Weckmarkt 15

➤➤ Margarete
In der Altstadt, Braubachstraße 18

➤➤ Stattcafe
In Bockenheim in der Grempstraße 21

➤➤ Amelie´s Wohnzimmer
Am Affentorplatz 20 in Sachsenhausen

TIPP

MIT ATEMBERAUBENDEM AUSBLICK SAUNIEREN

MERIDIAN SPA & FITNESS

Skyline Plaza Frankfurt, Europa-Allee 4, 60327 Frankfurt am Main
www.meridianspa.de/standorte/frankfurt-skyline-plaza
ÖPNV: Haltestelle Messe

Im ersten Moment dachten wir: »Na ja, Fitnessstudio mit Spa-Bereich ist jetzt nicht wirklich ein Highlight …, aber weit gefehlt. Beim Meridian ist die Fitness-Ecke ein kleines Anhängsel der großen und wirklich großartigen Wellness-Oase.

Was man auf dem Dach einer Shopping-Mall, der Skyline Plaza, mitten in Frankfurt nämlich nicht vermutet, ist die atemberaubende Dachterrasse mit 1500 Quadratmeter Fläche. Hier könnt ihr euch – angezogen oder auch hüllenlos (natürlich in verschieden Bereichen) – auf einer der vielen gemütlichen Liegen entspannen, im Outdoor-Pool eure Beine abkühlen oder euch im Whirlpool mit Blick auf den Zen-Garten besprudeln lassen. Und auch drinnen ist der große, runde Pool unter einer Glaskuppel beeindruckend, besonders wenn ihr auf dem Rücken liegt und in den Frankfurter Himmel schaut.

Dass das Meridian ein Geheimtipp ist, merkt ihr übrigens auch daran, dass es hier, anders als zum Beispiel in der Taunustherme oder im Rebstockbad, deutlich geschmackvoller, exklusiver und entspannter zugeht. Hier findet ihr immer einen Rückzugsort in einem der vielen Ruhebereiche und habt häufig eine der sieben Saunen oder einen der Whirlpools ganz für euch und euren Lieblingsmenschen.

Unser Fazit: Nach einem Tag im Meridian Spa & Fitness fühlt ihr euch wie nach einem kleinen Kurzurlaub!

Und natürlich gibt es von uns noch einen kleinen Insider-Tipp: Jeden Freitag findet ein BBQ am Außenpool statt, bei dem ein DJ chillige Musik auflegt und ihr lecker essen und trinken könnt.

IM GARTEN DES HIMMLISCHEN FRIEDENS STILLE FINDEN
CHINESISCHER GARTEN

Berger Straße 12, 60316 Frankfurt am Main
ÖPNV: Haltestelle Merianplatz oder Hessendenkmal

Am südlichen Ende der Berger Straße, der beliebten und längsten Einkaufsmeile Frankfurts, findet ihr einen geheimnisvollen und ganz speziellen Ort, der im Kontrast steht zu dem Trubel, der draußen herrscht: den chinesischen Garten des Himmlischen Friedens.

Um dorthin zu gelangen, durchquert ihr zuerst den historischen, denkmalgeschützten Bethmannpark, der dank seiner vielen Blumen einem Kurpark ähnelt. Die Grünanlage entstand bereits im 18. Jahrhundert und erscheint klein, doch findet ihr hier mit einer Orangerie, einem Ökonomiegarten und einem Teehaus ein paar echte Besonderheiten. Am Rande des Parks gibt es überall Sitzbänke, auf denen ihr wunderbar das Geschehen beobachten könnt. Kleiner Tipp: Holt euch vorher vom Eiscafé Mint um die Ecke ein Eis zum Mitnehmen – das kleine Lokal hat von Cocos-Ananas über Mandel-Mohn bis Zitrone-Limette-Minze extrem leckere Sorten im Angebot – und genießt es auf einer der Bänke im Schatten des Parks.

Eisgestärkt geht es weiter durch den Park. Nicht zu übersehen ist das imposante löwenbewachte Haupttor, das in den Chinesischen Garten führt. Wer hindurch tritt, taucht regelrecht in eine andere Welt ein. Kaum zu glauben, dass direkt davor eine der Hauptverkehrsstraßen entlangläuft. Hier im Garten ist alles plötzlich ganz still; wie eine friedliche Insel liegt diese Oase der Ruhe mitten in der Stadt, geschützt durch Pflanzen und eine weiße Mauer. Eine Kalligrafie auf dem Wasserpavillon besagt: »Ein friedlicher Platz zum Ausruhen. In der Stille

findet man Kraft zu neuem Denken.« Wer etwas Zeit mitbringt, kann sich näher mit den einzelnen prägenden Elementen und deren Symbolkraft auseinandersetzen. Denn alles, was ihr seht, hat eine bestimmte Bedeutung, ob die hölzerne »Brücke des halben Bootes«, der »Wasserpavillon des geläuterten Herzens« mit den geschwungenen Pagoden,

die filigrane Brücke über den asymmetrisch verzweigten jaspisgrünen Teich oder die traditionelle Zickzackbrücke. Die Elemente spiegeln das ausgewogene Verhältnis von Gebäuden, Wasser und Vegetation, die über Brücken und Wege miteinander verbunden sind, und unsere Lebenswege wider. Jeder Schritt durch den Park ist wie der Lauf durch unsere Lebensabschnitte. Selbst die losen Steine über dem Fluss sollen uns an unsere wackelige Existenz erinnern und daran, achtsam durchs Leben zu gehen.

Der Garten des Himmlischen Friedens wurde Ende der 1980er Jahre von chinesischen Experten angelegt und zum Gedenken an das Massaker auf dem Platz des Himmlischen Friedens in Peking so benannt. Nach einem Brandanschlag im Jahr 2017 wurden Pavillon und Gartenanlage von chinesischen Künstlern und Handwerkern originalgetreu wiederhergestellt, sodass der Garten Ende 2019 wieder neu eröffnet werden konnte. Absolut lohnenswert sind die geführten Besichtigungen von Experten des Frankfurter Grünflächenamts, die euch mehr zu der Geschichte des Parks und den einzelnen Bauwerken und Elementen erzählen können.

KULTUR IM MAUSOLEUM RUMPENHEIM

Am Eingang des Rumpenheimer Schlossparks fällt vor allem die hübsche Evangelische Schlosskirche auf der rechten Seite auf, bevor man weiter in den Park vordringt. Übersehen wird dabei aber vermutlich das runde gelbe Gebäude auf der linken Seite: Es handelt sich um ein kleines Mausoleum aus dem Jahre 1801, ursprünglich Grabstätte für 17 Mitglieder der landgräflichen Familie von Hessen-Kassel-Rumpenheim. 1964 wurde es zu einer gemütlichen Kulturstätte umgebaut und bieten nun Platz für rund 80 Zuschauer. Heute finden in dem denkmalgeschützten Gebäude etwa 20 Kleinkunstveranstaltungen pro Jahr statt. Nicht zuletzt wegen des selbst gebauten originellen Toilettenwagens einen Besuch wert!

TIPP

VOM GROSSSTADTLÄRM PAUSIEREN
ORT DER STILLE – LIEBFRAUENKIRCHE

Schärfengäßchen 3, 60311 Frankfurt am Main
www.liebfrauen.net
ÖPNV: Haltestelle Hauptwache

Selbst den meisten Frankfurtern ist dieser Ort in der nördlichen Altstadt völlig unbekannt und das, obwohl sie sicher schon tausendmal mit ihren vollbepackten Shoppingtüten an dem etwas versteckten Eingang vorbeigehetzt sind. Eigentlich erreicht ihr den sogenannten Ort der Stille – an dem Handys und laute Gespräche mal Pause haben – durch einen unscheinbaren Eingang mitten auf der Fußgängerzone, viel charmanter ist es aber, ihr nehmt das kleine Eisentor am Nebeneingang des Schärfengäßchens. Einmal hier, trefft ihr meist nicht mehr als eine Handvoll Menschen, selbst an einem belebten Einkaufssamstag. Lasst euch berühren von dem kleinen idyllischen und liebevoll bepflanzten Innenhof, den man in diesem Teil der Stadt – direkt auf der zweitgeschäftigsten Fußgängerzone Deutschlands – definitiv nicht erwartet. Hier ist Raum zum Verweilen und Innehalten. Wenn euch danach ist, könnt ihr auch eine Kerze für einen Lieblingsmenschen entzünden. Auch ein Blick in die zwischen dem 14. und dem 16. Jahrhundert erbaute gotische Liebfrauenkirche lohnt sich.

Eine Geschichte echter Nächstenliebe hat sich übrigens vor nicht allzu langer Zeit direkt vor dem Eingang der Liebfrauenkirche ereignet: Der Wohnungslose, der auf seiner Decke sein Spielzeug, inklusive einer Eisenbahn ausstellt, sollte diesen Platz eigentlich verlassen. Doch dann setzten sich engagierte Menschen für ihn ein, starteten Petitionen und holten die Presse dazu. Nun darf er bleiben und mit seiner kleinen Ausstellung weiterhin jeden, der hier vorbeikommt, erfreuen.

EINE GANZE NACHT ALS VIPS IM SPA-BEREICH CHILLEN
ROOMERS

Gutleutstraße 85, 60329 Frankfurt am Main
www.roomers-Frankfurt.com
ÖPNV: Haltestelle Willy-Brandt-Platz

Einmal ganz alleine einen kompletten Spa-Bereich für sich haben! Gibt's nicht? Gibt's doch! Im Roomers Design Hotel könnt ihr das »Make Love Package« buchen. Nach dem Motto »jede Liebe braucht von Zeit zu Zeit eine kleine Aufmerksamkeit« übernachtet ihr in einem burlesken Deluxe-Zimmer, bekommt dort eine Flasche edlen Rosé-Champagner und mit Schokolade überzogene exotische Früchte. Und lasst euch überraschen, von dem sogenannten Teaser-Package das inmitten eines Herzens aus roten Rosenblüten auf dem King-Size-Bett drapiert ist. Ein traumhafter Liebesbeweis, der die Fantasie beflügelt!

Aber kommen wir zu dem Erlebnis, was ihr definitiv niemals wieder vergessen werdet, was eure Herzen höher schlagen lässt, bei dem ihr euch fühlt wie Hollywood-Stars: eine Nacht, eine Wellnessoase und nur du und dein Lieblingsmensch!

Zwischen Mitternacht und 4 Uhr morgens ist nur eure Hotelkarte für den stylischsten Spa-Bereich der Stadt freigeschaltet. Ja, richtig gelesen: Wo ihr sonst auf andere Hotelgäste trefft, fühlt ihr euch in dieser Nacht, als wäre die Wellness-Oase eure eigene. Die Beschreibungen im Internet lesen sich hin und wieder etwas abgehoben: formenreiche Sauna mit fließendem Licht, ein Dampfbad mit sinnlicher Lichtinszenierung, Liegen mit Lichtobjekten, ein Massagepool mit wechselndem Lichtspiel und einer transluzenten Folierung an der Fassade, eine Inszenierung mit Material, taktilen Reizen, Licht und Ton … Aber wir können versprechen: Die Atmosphäre im Spa-Bereich ist einfach

phantastisch, der echte Wahnsinn, unbedingt machen! Unser High-light: Die entspannenden Wasserjetliegen, die mit heißem Wasser alle Bereiche eures Körpers so wohltuend massieren, dass ihr euch danach fühlt, als wären eure einzelnen Körperteile mindesten 20 Jahre jünger als zuvor. Vor der Massage könnt ihr sogar einstellen, welche Bereiche eures Körpers massiert werden sollen. Dagegen kann jeder Massage-sessel im Shopping-Center, beim Friseur oder am Flughafen einpacken, vielleicht sogar der Physiotherapeut.

Zudem liegt die Stadt mit ihrer glitzernden Skyline euren Badelatschen zu Füßen. Im kuschligen Bademantel könnt ihr, von der Sauna noch dampfend, einen herrlichen Skyline-Blick durch die riesigen Fenster des Spa oder im Außenbereich auf einer gemütlichen Sitzgelegenheit erleben.

Also bucht euer Package über den Dächern Frankfurts! Und falls ihr es kaum erwarten könnt, bis Mitternacht ist, dann bietet sich die hoteleigene und preisgekrönte Roomersbar in der Lobby an: lauschige Nischen, betörendes Licht und inspirierende Gespräche, ein DJ, der von Montag bis Samstag für den begleitenden Sound sorgt, und leckere Cocktails mit Namen wie: NFM, SMS, EGD oder CHP.

Ein wirklich phantastisches Erlebnis, eine Nacht, die man ohne weiteres vollkommen nennen kann. Wir sind verzaubert und verabschieden uns aus dem Roomers wie es die Fantastischen 4 seinerzeit taten: MfG – mit freundlichen Grüßen!

DO-IT-YOURSELF-SALZBAD

Nach dem Spa ist vor dem Spa: Hier noch unser ultimativer DIY-Tipp für noch mehr Entspannung zu Hause: ein herrliches Salzbad (gerne auch gemeinsam mit dem Lieblingsmenschen).
Übrigens badete schon Cleopatra im »weißen Gold« des Toten Meeres, womit der Schönheitseffekt also bewiesen wäre. Der Grund: Die Bäder entschlacken, entspannen, und ihr bekommt eine noch schönere und straffere Haut.

Ihr braucht dafür:
➤➤ 1 Handvoll frische Minze und Rosmarin
➤➤ 1 kg Totes-Meer-Salz (Reformhaus, Apotheke)
➤➤ 1 kleines Stoffsäckchen (falls ihr die Kräuter am Ende nicht einzeln aus der Wanne fischen wollt)

So wird's gemacht:
Kräuter in das Säckchen füllen und mit dem Salz in das heiße Badewasser geben.
Wichtig: Nicht länger als 20 Minuten bei circa 37 Grad baden und danach eine Ruhephase einplanen, in der ihr vielleicht noch ein bisschen in diesem Buch schmökern könnt.

TIPP

IN EINE GRÜNE OASE EINTAUCHEN
RECHNEIGRABENWEIHER

Zwischen Langestraße und Obermainanlage in der Wallanlage
ÖPNV: Haltestelle Ostendstraße oder Allerheiligentor

Wenn es um die grünste Stadt Deutschlands geht, dann belegt Frankfurt am Main eindeutig einen der hinteren Ränge. Ein Blick aus dem Weltall zeigt, dass die Bankenstadt derzeit nur auf Platz 67 von 79 Städten mit mehr als 100.000 Einwohnern liegt. Ein Grund mehr, auf der Suche nach besonderen Erlebnissen und Orten die grünen Oasen zwischen all den Hochhäusern zu suchen. Wer die Augen offen hält, wird fündig. Mitten auf dem Anlagenring zwischen Geschäften, Büros und Alltagsgewusel liegt der Rechneigrabenweiher. Ein echtes städtisches Kleinod!

Hier könnt ihr euch vom Sightseeing und Shopping erholen, ohne dass ihr die trubelige City verlassen müsst. Es ist ein bisschen so, als tritt man in eine Parallelwelt ein. Gerade hatten wir noch Autolärm und Hektik um uns herum, und nur ein paar Schritte weiter sitzen wir unter großen alten Bäumen auf einer der Bänke und schauen auf das ruhige, dunkle Wasser. Durchatmen. Genießen. Den schönen und entspannenden Wasserspielen auf dem Weiher zuschauen oder den Graureiher beim Fischefangen beobachten, der im Anlagenring sein Revier abgesteckt hat und stoisch am Ufer hin und her fliegt, um nach dem Rechten zu sehen. Ein bisschen Kultur findet ihr hier übrigens auch. Das Kunstwerk aus rotem Mainsandstein nennt sich »Fischernachen« und wurde von Michael Siebel geschaffen. Es erinnert an die Frankfurter Fischer- und Schifferzunft, die schon seit dem Jahre 945 in Frankfurt existiert und die es bis heute gibt. (Zungenbrecher-Alarm: Versucht mal, Fischer- und Schifferzunft sehr schnell dreimal hinter-

einander weg zu sagen!) Damals, als im Main noch aktive Fischerei betrieben wurde, sind hier im Rechneigrabenweiher Fische aufgezogen worden, bevor man sie dann im Main aussetzte. An diese Zeiten erinnert das Kunstwerk, das fünf Meter misst und das ihr gar nicht übersehen könnt.

Was für eine grüne Oase. Das haben übrigens auch zahlreiche Kaninchen entdeckt, die sich hier vor allem abends ein Hoppel-

dichein geben. Übrigens: Im Sommer ist der Rechneigrabenweiher ein toller Ort, um ein bisschen im Schatten zu sitzen und der städtischen Hitze zu entfliehen.

Wer länger verweilt und irgendwann Durst bekommt: Ganz in der Nähe – an der Obermainanlage 24 – ist die Trinkhalle Frankfurt. Im Sommer nicht zu übersehen, weil sich davor immer eine Traube von Menschen versammelt. Aber auch im Winter ist die Trinkhalle einen Besuch wert. Wenig Licht, gemütliche Sofas und ein Kamin in der Ecke sorgen für das richtige Bar-Feeling.

Und noch ein Extra-Tipp: Ganz in der Nähe ist die »Hausbar«. Das ist ein freistehendes historisches Jungendstilhäuschen, das 1906 ursprünglich einmal als Toilettenhäuschen gebaut wurde und mittlerweile eine Bar beherbergt, die ihr für eine Privatparty mit euren Lieblingsmenschen mieten könnt. Hier gibt es leckere Cocktails, und bei schönem Wetter sitzt ihr in gemütlichen Liegestühlen unter hohen Bäumen und genießt die stimmungsvolle Atmosphäre. Bis zu 60 Lieblingsmenschen passen gut hinein, bei mehr wirds kuschelig … und Zeit, zu zweit aneinanderzurücken.

Und nochmal zum Thema »Platz 67«, wir liegen immerhin vor dem angeblich so grünen München. Bämm!

EBBELWEI- ODER STÖFFCHE-TERMINOLOGIE

Apfelwein wird immer pur ausgeschenkt, solange ihr ihn
nicht gespritzt bestellt: »Ich hätte gerne einen Schoppen!«
Hier schon der erste Fallstrick: In FFM trinkt man en
Schoppe, en Äppler trinkt ma in Offebach!
Gestreckt (gespritzt) wird der Apfelwein entweder
➤➤ mit Mineralwasser: »Ich hätte gerne einen Sauren/
Sauergespritzten/einen Spritzer!«
➤➤ mit viel Wasser: »Ich hätte gerne einen Tiefgespritzten!«
➤➤ mit wenig Wasser: »Ich hätte gerne einen Hochge-
spritzten.«
➤➤ mit Limonade (Achtung, wird ungerne gesehen, ist
aber natürlich trotzdem bestellbar, wenn ihr über ein kur-
zes Augenrollen der Bedienung hinwegkommt): »Ich hätte
gerne einen Süßgespritzten / einen Süßen!«

Und ganz verrückt machen es übrigens die Amis und die
Chinesen: Die trinken Apfelwein mit Cola!
Unsere Empfehlung: Zunächst das Stöffche pur mit einer
Flasche Mineralwasser bestellen, einfach mal kosten, wie
der Schoppen mundet und dann könnt ihr ihn je nach
Geschmack verdünnen! Prost!

TIPP

IM HAUS DER RUHE
GEMEINSAM MEDITIEREN
TIBETHAUS

Georg-Voigt-Straße 4, 60325 Frankfurt am Main
www.tibethaus.com
ÖPNV: Haltestelle Festhalle/Messe

Inmitten des wahrscheinlich wuseligsten Viertels der Stadt, zwischen Messeturm, Skyline Plaza und Festhalle, taucht im Frankfurter West-end das Tibethaus wie aus dem Nichts auf. Die große denkmalgeschütz-te Villa, ein ehemaliges Universitätsinstitut, wirkt auf uns schon von außen friedlich und beruhigend. Draußen befindet sich ein kleiner Sitzbereich unter Kastanienbäumen, an denen tibetische Gebetsfahnen wehen. Drinnen erwartet uns eine angenehme Willkommensatmo-sphäre und eine ganz persönliche Erfahrung.

Erst vor ein paar Jahren, im Sommer 2017, wurde das neue Tibet-haus eingeweiht und feierlich vom Dalai Lama eröffnet. Neben dem Tibethaus US in New York ist es das einzige vom Tibethaus Cultural Center in New Delhi offiziell anerkannte Tibethaus weltweit. Es ver-steht sich als Kulturinstitut, Begegnungsstätte und Studienzentrum, als Vermittler der traditionellen und modernen tibetischen Kultur und Philosophie. Hier werden regelmäßig Praxisprogramme, Stress-bewältigungskurse und Yogakurse veranstaltet. Aber eins vorweg: Das Haus ist offen für jedermann und alle Altersgruppen, Erfah-rungsniveaus und Glaubensrichtungen; ihr müsst weder Buddhisten noch geübte Yogis sein.

Im ersten Stock findet ihr eine schöne Bibliothek und einen klei-nen Buchladen, in dem es Literatur, Räucherkerzen, Sitzkissen und Gebetstücher zu erwerben gibt. Der große rote Saal ist der schönste Raum des Hauses. In ihm befinden sich Buddhastatuen und Bilder

von Aktivitäten mit jüdischen, christlichen, muslimischen und buddhistischen beziehungsweise hinduistischen Glaubensgemeinschaften. Fast jede Woche findet in diesem Saal mittwochs eine offene geführte Meditation statt, die für Anfänger und Fortgeschrittene gleichermaßen geeignet ist. Sitzkissen und Decken können vor Ort ausgeliehen oder selbst mitgebracht werden.

Geführt werden die Mittwochsmeditationen meistens von Birgit Justl und Martin Brüger; einmal im Monat leitet der langjährige Zen-Praktizierende Pierre Gorsegner die Meditation aus seiner Tradition

an. Die Meditationsleiter sitzen vorne auf der Anhöhe; der Ablauf wird jedes Mal kurz erklärt. Normalerweise besteht die Meditation aus drei Teilen: einer Sitzmeditation mit Fokus auf den Atem, einer Gehmeditation – einem achtsamen, langsamen Gang, der im Sommer oft draußen stattfindet – und einer Themameditation, die ein fortlaufendes Thema von Woche zu Woche behandelt.

Die Atmosphäre ist ruhig, friedvoll und beruhigend – hervorragende Voraussetzungen, um sich ausnahmsweise mal um nichts außer sich selbst zu kümmern und um runterzukommen. Sollte dies eure erste Meditation sein, mag es vorkommen, dass ihr euch anfangs schwertut, in der Stille zu verharren. Aber macht euch nichts daraus! Es ist noch kein (Meditations-) Meister vom Himmel gefallen! Nutzt dieses großartige Angebot, um in einem offenen, gemütlichen Umfeld in das Thema reinzuschnuppern und euch auf etwas Neues einzulassen. So oder so habt ihr eine ungewöhnliche persönliche Erfahrung gemacht. Und wem es gefällt, der kommt wieder!

MIT DEM LIEBLINGSMENSCHEN

*Zusammen
kreativ werden*

IN DIE WELT DER AYURVEDISCHEN KOCHKÜNSTE EINTAUCHEN

AYURSOUL

Schifferstraße 5, 60594 Frankfurt am Main
ayurveda-soul-frankfurt.de
ÖPNV: Haltestelle Lokalbahnhof

Gesund essen und dabei satt werden – geht das überhaupt? In der ayurvedischen Küche auf jeden Fall! Wobei auch hier gilt, sich den Bauch nicht zu voll zu schlagen. Und das ist gar nicht so leicht, denn das ayurvedische Essen ist soooo lecker!

Kurz zusammengefasst kann man Ayurveda als Naturheilsystem und Wissenschaft über ein ausgeglichenes, gesundes, zufriedenes Leben bezeichnen. Ziel ist, Körper, Seele und Geist in Einklang zu bekommen – auch durch die Ernährung.

Im AyurSoul in Sachsenhausen wird Ayurveda gelebt, gekocht, geschlemmt. Auf der Mittagskarte und am Wochenende zum Frühstück bekommt ihr leckere Gerichte wie orientalischen Kichererbseneintopf, roten Linsen-Dal oder süßen Couscous mit Datteln, Birne und Nüssen. Dem netten Koch könnt ihr bei der Zubereitung der wirklich phantastisch schmeckenden Gerichte zugucken. Alle Zutaten sind bio, regional und saisonal, alles 100 % vegetarisch, viel vegan, aber nicht alles, nur die Kuchen und Torten werden immer ohne Ei gebacken.

Das AyurSoul ist nicht nur ein schnuckeliges Restaurant, sondern sowohl ein kleiner Shop mit Produkten, Literatur und Gewürzen als auch ein Veranstaltungsort, in dem immer mal wieder kleine Vorträge und Workshops (zum Beispiel Koch- und Gewürzkurse) mit Ayurveda-Experten organisiert werden. Egal ob beim Stöbern im Health Store, beim Essen, einem Gewürz-Kaffee oder Tee – wenn du vor Ort bist, frag nach Ariane Hotzel, Ayurveda Health- und Lifestyle Counselor. Das Wissen vom Leben auf eine pragmatische und lebendige Art und Weise allen Interessierten zu vermitteln, gehört seit über zehn Jahren zu ihrer Berufung. Unkompliziert und alltagstauglich hat sie immer einen ayurvedischen Tipp, eine nette Geschichte oder passendes Hintergrundwissen für dein Wohlbefinden parat.

DAS NACHTLEBEN NEU ENTDECKEN

FLEDERMAUSFÜHRUNG DES MAINÄPPELHAUS

MainÄppelHaus Lohrberg Streuobstzentrum e.V., Klingenweg 90,
60389 Frankfurt am Main/Seckbach
www.mainaeppelhauslohrberg.de
ÖPNV: Haltestelle Lohrberg/Heiligenstock oder Budge Altenheim/Lohrberg
Treffpunkt für die Fledermausführung ist die Bushaltestelle Riedbad,
Fritz-Schubert-Ring

Hättet ihr's gewusst? Die letzten fliegenden Säugetiere dieser Welt sind …? Genau, Fledermäuse! Zu unserer großen Überraschung lernen wir auf einer geführten Wanderung des MainÄppelHauses, dass Frankfurt 15 verschiedene Fledermausarten beheimatet, jede mit ihren eigenen Vorlieben und ihrem individuellen Beuteschema. Die meisten entdeckt ihr bei Einbruch der Dunkelheit entlang des Grüngürtels und in den Streuobstwiesen rund um die Stadt.

Ulrike Balzer, Biologin und Fledermausexpertin, erklärt anhand von Schautafeln, wie klein die Tierchen sind (die Zwergfledermaus ist nur fünf Gramm schwer!) und dass leider alle Arten auf der Liste der bedrohten Tierarten stehen. Denn wo mehr gebaut wird, fallen Wiesen, Wälder, Bäume – und damit auch Insekten – weg, und genau das brauchen die Tierchen, um sich zu ernähren und fortzupflanzen. Was euch am Ende überzeugen wird, die Tiere zu lieben: Pro Nacht fressen Fledermäuse mehr als 1000 Mücken!

Auf der Exkursion bekommen wir viele von ihnen auf der Insektenjagd zu sehen, aber vor allem zu hören: Die Teilnehmer werden ganz still, wenn Ulrike ihren coolen Bat-Detektor in die Höhe hält, der die zirpenden Rufe der Tiere aufnimmt. Die schrillen Töne aus dem »Nichts« sind wirklich eindrucksvoll und lassen euch das Nachtleben in Frankfurt ganz neu entdecken!

UNSERE LIEBLINGSAKTIVITÄTEN AM MAINÄPPELHAUS

Das MainÄppelHaus ist ein gemeinnütziges Streu-obstzentrum auf dem Lohrberg und bietet neben den Fledermausführungen noch viele andere großartige Führungen und Events an!

Hier eine ausgewählte Liste:
➤➤ Schnupperkurs über Bienen und Imkerei
➤➤ Kochkurs Marmelade – Liebe geht durch den Magen
➤➤ Sekt-Seminar
➤➤ Apfelwein in Geschichten und Anekdoten
➤➤ Kelterseminar – vom Apfel zum Wein
➤➤ Obstbaum – Veredelungsseminar
➤➤ Kräuterwanderung am Berger Südhang
➤➤ Apfelsenf hausgemacht
➤➤ Pomologisches Kirschenseminar

TIPP

ALLES IST GUT,

WIE ES AUS DEN HÄNDEN

DER NATUR KOMMT.

(JOHANN WOLFGANG VON GOETHE, DEUTSCHER DICHTER)

IM BLUMENLADEN
DIE ZEIT VERGESSEN
ARISAEMA IN BERGEN-ENKHEIM

Riedstraße 2, 60388 Frankfurt am Main
www.arisaema-frankfurt.de
ÖPNV: Haltestelle Florianweg

Ein wunderschöner Hof mit den buntesten Schnittblumen der jeweiligen Jahreszeit und dazu zwei phantastisch bunte Frauen, die dem Laden mit ihrer herzlichen Art das i-Tüpfelchen aufsetzen: Das ist der Blumenladen Arisaema in Bergen-Enkheim, oder wie Fans ihn nennen: das Blumenzauberland!

Arisaema gehören zu den seltenen Pflanzenarten. Und genau so verstehen Heike (Chefin) und Heike (Mitarbeiterin) ihre Arbeit: Jeder Strauß, jedes Gedeck, jede Dekoration ist ein liebevoll kreiertes Unikat. Aber nicht nur das: Auch Heike und Heike sind echte Unikate, die ihre Kunden immer herzlich empfangen und so den Blumenkauf zum Event machen. Im Hof steht ein Strandkorb, in dem ihr, den Blumenduft in der Nase, das Flair dieses besonderen Ortes auf euch wirken lassen könnt – und das hin und wieder sogar mit einem Weinglas in der Hand. Wenn samstags mal ein bisschen mehr Zeit ist, holen Heike und Heike die guten Tropfen zum Kosten und Kaufen aus dem Regal.

Für noch mehr Zeit mit euren Lieblingsmenschen bietet das Arisaema verschiedene Workshops an: Türkränze wickeln, Sträuße binden und wenn ihr mal einen Junggesellinnenabschied plant: Hier könnt ihr alle zusammen eure Haarkränze kreieren.

Und natürlich gibt es von Inhaberin Heike noch den ultimativen Blumenbinde-Tipp: Blumensträuße, die eher willkürlich zusammengesteckt und natürlich wirken sollen, brauchen trotzdem System: Ihr solltet leichte filigrane Blüten wählen und dann einen Blickpunkt setzen. Je nach Jahreszeit eine Sonnenblume, eine Dahlie, eine große Rose oder eine Protea, die gerade absolut »in« ist!

BLAUE KARTOFFELCHIPS KNABBERN
KOCHEN IM KUHSTALL

Ansprechpartner: Peter Jordis
Stolberger Straße 1, 65205 Wiesbaden
ÖPNV: Haltestelle Wiesbaden-Nordenstadt, Wallauer Weg

Ein wunderschönes Fachwerkhaus, ein Trecker im Hof, Weinranken und Glyzinien, einfach ursprünglich schön. Also unbedingt kurz im Innenhof stehen bleiben und die Atmosphäre genießen. Von da aus geht ihr dann eine weiß gestrichene Holztreppe hinauf und kommt auf den ehemaligen Heuboden. Aber anstelle von bäuerlicher Urigkeit erwartet euch hier ein stylisches Loft, eine wahre Design-Explosion, die aber nicht penetrant, sondern selbstverständlich daherkommt. Die alten Elemente des Heubodens wurden hier mit modernen Design-Elementen in einen harmonischen Einklang gebracht.

Die ursprünglichen Holzbalken des Heubodens, ein Küchenblock mit sieben Kochplatten und einer Grillfläche, eine liebevoll gedeckte Tafel – das alles schafft eine einladende Atmosphäre. Hier nehmt ihr nicht einfach nur Platz, hier dürft ihr euer Essen selbst kreieren! Der Gastgeber Peter Jordis verteilt die Rollen: vom Kräuter-der-Provence-Schnippler über den, der aus blauen Kartoffeln die leckersten Chips der Welt macht, bis hin zu dem, der das Dressing für den Salat zubereitet.

Als wir Peter fragen, was das Tolle am »Kochen im Kuhstall« sei, fangen seine Augen an zu leuchten: »Nach dem Kochen die Zeit gemeinsam in privater Atmosphäre genießen, mit Menschen, die sich vorher gar nicht kannten und am Ende des Abends das Gefühl haben, sie kennen sich seit Ewigkeiten.« – Kein Wunder: Der komplette Abend findet bei Peter im Wohnzimmer statt! Und das alles hat auch noch einen guten Zweck: Ein Teil des Erlöses geht an die Kindernothilfe.

IN EINER ZAUBERHAFTEN HINTERHOF-OASE SPEISEN
FREITAGSKÜCHE

Mainzer Landstraße 105, 60329 Frankfurt am Main
www.freitagskueche.de
ÖPNV: Haltestelle Platz der Republik

»Hey, es bringt ja nichts, wenn ich hier dauernd selber am Herd stehe, lasst uns doch jeden Freitag einen Frankfurter Künstler als Gastkoch einladen!« – Das haben die Erfinder der Freitagsküche gemacht: Jede Woche – immer freitags – kochen dort Maler, Bildhauer oder Fotografen. Neben der Kochschürze bringen sie auch noch ihre Kunstwerke mit, die ihr im Atelier bewundern könnt, während am Herd gebrutzelt wird. Gegessen wird in der charmanten, herrlich zugewucherten Hinterhof-Oase.

Die Idee dazu hatten acht junge Männer, die selbst aus dem Kunstbetrieb kommen. Anfangs war das Ganze ein reines Spaßprojekt, um die 120 Quadratmeter große Etage im Atelierhaus mit Leben zu füllen. Mittlerweile ist daraus eine feste Institution geworden. Hier lässt man Kochen. Zum Beispiel von K. Ulrich Schneider, eigentlich Motiondesigner, der in der digitalen Malerei aber ebenso zu Hause ist. Auch am Herd ist er ein echter Künstler: Bei ihm gibt es Kartoffel-Crunch, Kartoffel-Püree mit Butterzwiebeln und knusprige Vogelsberger (für Vegetarierer gegrillte Shitake-Pilze, Rote Bete) mit Semmelknödeln und zum Nachtisch Vanillepudding mit Pflaume, Rosmarin und Nussöl.

Und was ist, wenn ein Künstler zwar tolle Bilder malt, aber am Herd gar nichts auf die Reihe kriegt? Da sorgen die Macher der Freitagsküche selbstverständlich vor: »Den Fall hatten wir früher häufiger, heute haben wir dann Leute, die aufpassen, und gegebenenfalls einschreiten, damit es am Ende auch schmeckt!« Und das tut es definitiv!

BEIM TASTING
ZUR BIER-EXPERTIN WERDEN
WIR KOMPLIZEN

Egenolffstraße 17, 60316 Frankfurt am Main
wir-komplizen.de
ÖPNV: Haltestelle Rohrbachstraße/Friedberger Landstraße
oder Rothschildallee

Das Getränk wird in einem großen bauchigen Glas serviert; wir drehen es vor dem Probieren leicht, bis ein Wirbel entsteht und riechen daran. Mmh …, das riecht ja nach – Schinken! Es handelt sich nämlich um ein Rauchbier, dessen Gerstenmalz direkt über brennenden Buchenscheiten gedarrt und durch den aufsteigenden Rauch zu dem nach Speck schmeckenden Rauchmalz wird.

Wir haben uns zu einem Bier-Tasting ins »Wir Komplizen« getraut. Steffen betreibt zusammen mit Patrick und Heiko den Laden im Nordend. Die in einem niedlichen Hinterhof versteckte Location hat sich schon als echter Geheimtipp entpuppt. Draußen auf der Terrasse lässt sich der phänomenale Sonntags»kater«brunch besonders gut genießen.

Die Herzen der – wie sie sich nennen – Komplizen schlagen jedoch vor allem für Bier. Durch über 20 verschiedene Sorten könnt ihr euch probieren, darunter India Pale Ale, Pumpernickel-Porter oder belgisches Wit. Einige davon werden in der Flasche angeboten, zehn handwerklich gebraute Biere kommen direkt vom Fass. Und so wie die Sorten variieren, so schmeckt auch nicht jedes Bier zu jedem Essen. Genau das will Steffen bei seinem Bier-Tasting den Gästen nahebringen. Bier ist nämlich nicht einfach nur ein süffiges Getränk, sondern kann wie ein hochwertiger Wein ein fabelhafter Begleiter zum Essen sein. Wir vergleichen einen IPA und ein Helles, kosten dabei vom hausgemachten Sauerteigbrot, dazu den Fenchel-Birnen-Ziegenkäse und geraten ins Schwärmen …

TOP-5-LIEBLINGSBIERE
VON STEFFEN, GRÜNDER UND MITBETREIBER
VON WIR KOMPLIZEN

➤➤ Weiherer Keller
Einfach das beste, weil erfrischendste und unkompliziierteste »Trink«-Bier. Aus einer sympathischen kleinen Brauerei aus der Nähe von Bamberg.

➤➤ Schönramer Grünhopfenpils
Jeden Herbst steigt die Vorfreude auf das leckere Pils, das in Oberbayern mit erntefrischem Hopfen eingebraut wird. Seichte Kräuteraromen, milde Bitterkeit.

➤➤ Hanscraft & Co. Backbone Splitter IPA
Das von Christian Hans Müller bei Aschaffenburg gebraute harzig-zitronige und ordentlich bittere IPA ist für mich nach wie vor das Referenzbier für Westcoast IPAs in Deutschland.

➤➤ Flügge Georg I Rotwein Imperial Stout
Röstmalziges, dunkles Bier trifft auf Rotwein. Jedes Jahr ein bisschen anders, aber immer wahnsinnig lecker. Was für die kalten Tage.

➤➤ Orca Boomshakalaka Black Label
Dunkles Bier, Rauchmalz, Habanero-Chili-Pulver und Himbeere in einem Bier: Boom! Wurde bisher nur einmal gebraut, aber hoffentlich gibt es bald mal wieder eine neue Ausgabe!

TIPP

INSTAGRAM
#LIEBLINGSMENSCHENUNTERWEGS

IHR ENTDECKT MIT DIESEM BUCH EURE STADT NEU?
DANN VERLINKT EUCH UND EUREN LIEBLINGSMENSCHEN
AUF INSTAGRAM:

#LIEBLINGSMENSCHENUNTERWEGS
#LIEBLINGSMENSCHENFRANKFURT

IN DIE BUNTE WELT
DER BLUMEN EINTAUCHEN
DOTTENFELDERHOF

Dottenfelderhof 1, 61118 Bad Vilbel
www.dottenfelderhof.de
ÖPNV: Haltestelle Bad Vilbel, von dort etwa zwei Kilometer Fußweg

Gerade waren wir noch in der Stadt an viel befahrenen Straßen und zwischen Hochhäusern, kaum sechs Bahnhaltestellen weiter stehen wir auf weiten Feldern und – wie wir finden – vor dem allerschönsten Bauernhof im Hessenland.

Der Dottenfelderhof – von Insidern liebevoll »Dotti« genannt – sollte bei jeder und jedem Frankfurter ganz oben auf der Ausflugsliste stehen, und zwar immer und immer wieder. Der Hof, dessen Geschichte schon im Jahre 976 begann, wird heute von mehreren Familien bewirtschaftet, die neben Tieren wie 600 Legehennen und 80 Milchkühen auch einen eigenen Hofladen mit ihren Produkten und ein niedliches Café betreiben (Empfehlung: der Dotti-Spezial, ein frisch gepresster Apfel-Möhren-Rote-Bete-Saft).

Insgesamt leben etwa 100 Menschen auf dem Hof, unter ihnen solche, die schon Jahrzehnte ihres Lebens hier verbracht haben sowie junge Erwachsene, die ihre Ausbildung zum Landwirt oder zur Landwirtin absolvieren und täglich von 5 Uhr morgens bis in die Abendstunden auf den Beinen sind.

Der Dottenfelderhof züchtet samenfeste Obst- und Gemüsesorten, um einen Teil der eigenen Ernte als Saatgut wiederzuverwenden. Die Betriebsgemeinschaft lebt einen ganzheitlichen Ansatz vor, so wie es früher war und heutzutage immer noch gehandhabt werden könnte: Sie hält nur so viele Tiere, wie Futter angebaut werden kann, und versucht somit eine Landwirtschaft zu gestalten, die der Verantwortung für die

Gesellschaft und die Natur gerecht wird. Die Hofhühner produzieren die hofeigenen Bio-Eier, Brot und Kuchen kommen direkt aus dem hofeigenen Holzofen und die Käse-Variationen aus der hofeigenen Käserei von der Milch der eigenen Kühe. Wie das geht, könnt ihr in entsprechenden Kursen und im Rahmen von Führungen beobachten und lernen.

Ob mit dem besten Freund, den Eltern oder mit Kindern – der prächtige, rustikale Hof ist wunderschön und bietet so viel, dass jeder auf seine Kosten kommt. Die meisten Besucher steuern den Hofladen oder das Hofcafé an. Dabei finden wir es am entspanntesten, im Innenhof zu pausieren und das bunte Bauernhoftreiben zu beobachten. Vor dem Kuhstall erblicken wir eine riesige Kiste mit Karotten, Pastinaken und Rote Bete, die zum Teil ulkig geformt (bio halt!) Nahrung für die Kühe sind und an der sich hin und wieder auch die Helfer bedienen.

Wenn das Wetter schön ist, entscheidet euch unbedingt für den Floristikkurs auf dem Blumenfeld direkt vor dem Hof! Außer in den kalten Wintermonaten ist das Blumenfeld fast das ganze Jahr von Sonnenaufgang bis -untergang zum Selberpflücken geöffnet. Anfangs blühen die Osterglocken und Tulpen, es folgen die Calendula, Sonnenflügel und im Sommer über 100 Blumenarten wie Lilien, Dahlien, Gladiolen und knallig orangefarbene Löwenohren. Besondere schön und bunt sind im Spätsommer die Sommerastern, am liebsten würde man gleich alle mit nach Hause nehmen! Aber bevor ihr die Messer zückt, erklären Matthias König und Till Bause vom Schulbauernhof der Landbauschule Dottenfelderhof, welche Blumen ihr am besten wie und wann und in welcher Kombination abschneidet. Welche von ihnen verleihen dem Strauß Fülle und das gewisse Extra? Wie bindet ihr euren Strauß am Ende klug zusammen? Egal wie der Strauß nach dem Kurs ausschaut: Es macht großen Spaß, durch die Blumenreihen zu schlendern, nach bestimmten Farben zu suchen und sich gegenseitig zu beraten. Unsere zwei Sträuße erfreuten uns übrigens zu Hause noch lange weiter und hielten fast zwei Wochen lang!

AFTERWORK IM KUHSTALL

Der Dottenfelderhof bietet jede Menge Events und Kurse an; bei allen profitieren sowohl die Teilnehmer durch neues Wissen und neue Erfahrungen als auch der Hof selbst, der seine Werte weitervermitteln kann. Eins der tollsten Angebote ist das »Afterwork im Kuhstall«. Nein, hier wird nicht im Stall gefeiert, sondern richtig angepackt! Unter der Anleitung von Margarethe Hinterlang lernen wir die Mistgabel richtig zu greifen, das Futter auf die Riesenschubkarre zu hieven und raus zu den Schweinen zu schieben.

Margarethe hat viele Jahre auf dem Hof gearbeitet und widmet ihm auch jetzt in der Rente noch viel ihrer Zeit. Alle paar Monate lädt sie drei Leute ein, im Stall bei den 80 Milchkühen mitzuhelfen. Sobald die Kühe von den Futterständen aufs Feld getrabt sind, geht die schweißtreibende Arbeit los: Mit Kotschiebern werden die Böden blitzblank geputzt – zum Glück haben wir Stallkleidung an! Zur Belohnung gibt es frische Rohmilch und Brot aus der hofeigenen Holzofenbäckerei zum Mitnehmen. Wenn Zeit bleibt, zeigt Margarethe euch noch die Neugeborenen im Kälbchen-Kindergarten und die Hofhühner. Am Ende wissen wir, was wir getan haben, und auch warum das Event Afterwork heißt: An die Arbeit im Büro haben wir die letzten drei Stunden mit Sicherheit nicht gedacht!

TIPP

DIE WELT DES TABAKS KENNENLERNEN

ZIGARRENLOUNGE & MANUFAKTUR

Kaiserstraße 60/1. Stock, 60329 Frankfurt am Main
www.mercedes-reyes.com
ÖPNV: Haltestelle Hauptbahnhof

»Das Tolle an Zigarren ist, dass man überhaupt Zeit hat, eine Zigarre zu rauchen, sich zu entspannen und wirklich abzuschalten.« Das sagt Mercedes Reyes, die im Bahnhofsviertel eine Familientradition aus der Dominikanischen Republik fortführt. Seit 1910 und in sechster Generation wird gerollt, was die Tabakblätter herge-

ben, und das ist einiges: Mercedes selbst dreht an Hochtagen bis zu 180 Zigarren und sagt von sich: »Ich bin leidenschaftliche Zigarrendreherin« und das schon seit Teenager-Tagen.

Diese Leidenschaft ist die Luft, die ihr in der Zigarrenlounge atmet. Eure Zigarren werden frisch vor euren Augen gerollt, und hier bekommt jeder sein individuelles Rauchwerk – ganz nach Wunsch: Maß, Nikotinwert und Geschmack können durchaus variieren. Wobei Mercedes sagt: »Eine Zigarre schmeckt nicht nach etwas, sondern du erinnerst dich an etwas, du interpretierst Aromen.« Den Damen empfiehlt sie häufig eine milde, nussig-süßliche Zigarre, den Herren rollt sie meist eher würzige Zigarren mit ein paar Bitternoten. Und natürlich geht so eine Zigarre nicht ohne ein adäquates Getränk, deshalb gibt es an der Bar auch Whiskey, Rum und leckere Cocktails.

Die Zigarrenlounge im Bahnhofsviertel: definitiv ein spannender Ort, für dich und deinen Lieblingsmenschen. Und noch ein Extra-Tipp: Wenn ihr ein originelles Geschenk braucht, dann könnt ihr ab einer Bestellung von 30 Zigarren tatsächlich eure eigene Zigarren-Banderole mit dem Namen vom Lieblingsmensch bekommen! Wenn es nicht ganz so individuell sein muss: »Happy Birthday«-Banderolen gibt es schon ab zehn Stück.

DIE ÄRMEL HOCHKREMPELN UND IM WALD WERKELN

WALDWERK

Niedwald, 65933 Frankfurt am Main
waldwerk.mnjk.de
ÖPNV: Haltestelle Neufeld
Zugang: Oeserstraße 181 gegenüber H4 Hotel, an der rot-weißen Forst-
schranke am Waldrand vorbei, nach 150 Metern in den Wald hinein auf den
befestigten Gehweg, an der Gabelung links halten

Es war einmal ein kleines Häuschen versteckt im Walde … – und die
meisten werden es beim Durchqueren des Niedwaldes vermutlich nicht
einmal erspäht haben. Über 100 Jahre lang wurden in dem ehemaligen
Wasserwerk Griesheim täglich bis zu 150.000 Liter Wasser aus Saug-
brunnen hervorgeholt und den Bürgern als Trinkwasser bereitgestellt.
Seit 2007 ist das alte Backsteingebäude trockengelegt und steht inzwischen unter Denkmalschutz.

Um die alten Räumlichkeiten und das Grundstück zu erhalten, hat
sich der Verein »Waldwerk« gegründet und das Gebäude von der Stadt
Frankfurt angemietet. Der Verein möchte das hübsche Haus wieder
mit Leben füllen und organisiert vor Ort naturkundliche Vorträge,
Seminare und Führungen. Niedlich ist das Minihaus neben dem
Hauptgebäude: »Das kleine Waldwerk«, ein ehemaliger Tierstall, soll
umgebaut werden zu einer Laborstation für Kinder, mit eigener kleiner Küche und Toilette. Besonders schön: die Erlebnistage für Kinder
zum Käfer- und Insektenzählen oder auch die Pilzwanderungen und
nächtlichen Ausflüge durch den Wald.

Für die besonders Interessierten und Hilfsbereiten unter euch:
Neben den Veranstaltungen könnt ihr jeden ersten Samstag im Monat
(egal bei welchem Wetter) auch einfach so vorbeikommen und euch
über die laufenden Projekte informieren – und vor allem: mit anpa-

cken! Denn das Waldwerk ist noch fast in seinem Originalzustand, und jede helfende Hand wird gebraucht, um das alte Häuschen zu einem gemütlichen Treffpunkt und ganz besonderen Ort für Naturerfahrungen zu machen. Jede und jeder ist willkommen mitzumachen: ob bei handwerklichen Arbeiten im Haus selbst, beim Ausbuddeln eines Tei-

ches für Amphibienbeobachtung oder beim Anlegen von Bienenvölkern und Hochbeeten für Insekten. Und was gibt es Schöneres, als in der Natur mitzuwerkeln und vom stressigen Alltag mal komplett abzuschalten? Wer mithilft, bekommt frischen heißen Kaffee oder Tee und vor allem großen Dank vom Verein. Schließlich wird alles am Waldwerk durch ehrenamtliches Arbeiten und durch Spenden organisiert.

Ursula Schmidt ist die Vorsitzende des Vereins und regelmäßig vor Ort, denn das Haus hängt der rührigen älteren Dame sehr am Herzen. Als es kurz vor dem Abriss stand, kämpfte sie engagiert für den Erhalt. Seit über 450 Jahren wohnt ihre Familie in der Gegend; sie hat viel zu erzählen über die Geschichte des Waldwerks und dessen Entstehung. Schon allein für ihre lustigen Erzählungen über das Haus und die Politik lohnt sich ein Besuch!

Das Waldwerk ist ein uriges und seltenes Kleinod und nicht ganz einfach aufzuspüren, in den sozialen Medien ist es schon mal gar nicht zu finden. Aufgrund seines Charmes und der romantischen Lage des Gebäudes erhält Frau Schmidt des Öfteren Anfragen für Geburtstags- und Hochzeitsfeiern. Aber »nichts da«! Der Verein ist zwar offen für kleine Events, zum Beispiel Lesungen oder Yoga im Garten. Das Waldwerk soll aber ein waldschonender Forschungs-, Erlebnis- und Abenteuerort für kleine und große Großstadtkinder bleiben. Eine echte Perle eben in märchenhafter Waldumgebung!

MIT DEM LIEBLINGSMENSCHEN

Köstlichkeiten
teilen

ERDBEEREN PFLÜCKEN MIT SKYLINE-BLICK

ERDBEERFELD PRAUNHEIM

Ludwig-Landmann-Straße 1a, 60488 Frankfurt am Main
www.bauer-wuerfl.de/erdbeerfeld/frankfurt-praunheim
ÖPNV: Haltestelle Heerstraße

Wenn der Sommer kommt, sind sie nicht zu übersehen: rote, knackige Erdbeeren weit und breit, ob am Stand vor den großen Supermärkten, auf den Wochenmärkten oder im kleinen Obstladen nebenan. Süß, lecker und dann auch noch gesund! Aber ganz günstig sind die Beeren ja nicht und so eine kleine Schale ist meistens mir nichts dir nichts verputzt! Könnte man bloß Erdbeeren bis zum Abwinken schlemmen ...

Genau genommen ist unser Tipp gar nicht so weit davon entfernt: Auf den zahlreichen Erdbeerfeldern des Bauern Würfl in und um Frankfurt dürft ihr während der Erdbeersaison die Ärmel hochkrempeln, das Obst selbst pflücken und so viel naschen wie ihr könnt! Sebastian und Sonja Würfl betreiben den Bauernhof in Gründau (etwa 40 Kilometer von Frankfurt) bereits in dritter Generation. An über 30 Ständen in der Rhein-Main-Region und auf fünf Feldern in Frankfurt vermarktet die Familie Erdbeeren, Himbeeren und Spargel.

Besonders schön ist ihr Erdbeerfeld in Praunheim. Es bietet nicht nur einen herrlichen Blick auf die Frankfurter Skyline – besonders in den Abendstunden seht ihr die Hochhäuser fast genauso grell leuchten wie die Erdbeeren am Boden –, es gibt auch keine großen Straßen nebenan, sodass ihr in Ruhe pflücken könnt und euch keine Sorgen machen müsst, dass eure Kleinen auf die Straße rennen.

Von Ende Mai bis in den Juli hinein ist das Feld jeden Tag bis sieben Uhr abends geöffnet. Angebunden an verschiedene Radwege, könnt ihr diese Aktivität wunderbar mit einer Radtour verbinden.

NOTIZEN
LIEBLINGSMENSCHEN UNTERWEGS

....
....
....
....
....
....
....
....
....
....
....
....
....
....
....
....
....
....
....
....
....
....
....
....
....
....
....
....
....
....

AUSSERGEWÖHNLICHE
MARMELADEN-REZEPTE MIT KICK

Erdbeer-Chili-Zimt-Marmelade
Zutaten:
➤➤ 1 kg Erdbeeren, 500 g Gelierzucker 2:1
➤➤ 1 Cayenne-Chili, 2 Jalapeños
➤➤ ½ TL Zimt, Vanillezucker nach Bedarf

Zubereitung:
Erdbeeren, die klein gehackte Chili und Gelierzucker in einem großen Topf verrühren und zum Kochen bringen. Sobald die Mischung brodelt, die fein geschnittenen Jalapeños, Vanillezucker und Zimt zugeben und vier Minuten köcheln lassen, anschließend in Gläser füllen. Auf dem Kopf stehend auskühlen lassen!

Erdbeer-Schokoladen-Marmelade
Zutaten:
➤➤ 950 g Erdbeeren, 500 g Gelierzucker 2:1
➤➤ nach Belieben 400 ml Kokosmilch, 50 g Kokosflocken und 100 ml Wasser
➤➤ 50 g weiße Schokolade

Zubereitung:
Erdbeeren und Gelierzucker in einem großen Topf verrühren, wenn gewünscht Kokosmilch, Kokosflocken und etwas Wasser zugeben, das Ganze erhitzen und unter Rühren zum Kochen bringen. Vier Minuten köcheln lassen, die fein gehackte weiße Schokolade unterheben und die Mischung anschließend in Gläser füllen. Auf dem Kopf stehend auskühlen lassen!

TIPP

GUTES SCHMECKEN UND GUTES TUN

CAFÉ FRANKFURT

Gutleutstraße 161, 60327 Frankfurt am Main
www.cafe-frankfurt.de
ÖPNV: Haltestelle Hauptbahnhof

Wer am Frankfurter Hauptbahnhof ankommt, fährt normalerweise entweder direkt weiter oder stürzt sich in die bunten Gassen des populären Bahnhofsviertels. Der Main ist auch nicht weit entfernt, also werden die paar hundert Meter vom Bahnhof bis ans Wasser meist gerne zu Fuß gemacht. Tipp: Biegt an der Hafenstraße ab und legt einen Stopp ein im Café Frankfurt!

Das kleine Café hat sich seit 2014 vom Kiosk zum trendigen Lokal mit hauseigenem Kaffeebohnen-Label hoch-gekämpft und ist ein absoluter Geheimtipp im eher unbekannten Gutleutviertel. Das Viertel selbst, das etwas im Schatten vom Bahnhof und neuen Hotel-, Behörden- und Bürogebäuden steht, wird nämlich zumindest tagsüber hauptsächlich von Büroangestellten frequentiert.

André und Alex haben das Café mit der Idee eröffnet, einen gemütlichen Treffpunkt für die Nachbarschaft im Multikulti-Viertel zu ermöglichen. Die beiden legen bei ihren Produkten viel Wert auf Frische und Nachhaltigkeit und das schmeckt man: Das vegane Eis ist himmlisch lecker, die Backwaren superfrisch und der Espresso wirklich ein Hit! André managt den Laden und kümmert sich um das eigene Kaffee-Label. Alex ist Barista und das Gesicht des Cafés. Sie verbreitet beim Servieren immer gute Laune – und meistens auch gleich eine Instagramstory!

Alle ein bis zwei Monate organisieren die beiden die sogenannten Charity Fridays, an denen Künstler und Bands auf der Minibühne auftreten und es drinnen richtig schön knackig eng wird. Wenn es euch zu voll wird, stellt euch einfach raus an die Straße vor das Cafe, vor dem sich nach und nach die Nachbarschaft versammelt. Die Einnahmen werden für einen guten Zweck gespendet – unter anderem geht das Geld direkt an soziale Einrichtungen im Gutleutviertel.

ENTSPANNT AM WASSER COCKTAILS SCHLÜRFEN

MAIN-COCKTAIL-BAR

Deutschherrenufer, 60594 Frankfurt am Main
www.main-cocktailbar.de
ÖPNV: Haltestelle Zum Brommenhof, am besten aber zu Fuß
oder mit dem Fahrrad zu erreichen

»Sie kommen wegen der gemütlichen Campingstühle, wegen des Blicks auf die Frankfurter Skyline, wegen des Sonnenuntergangs«, sagt Guido Weeder über seine Gäste, die es sich direkt auf der Wiese am Main gemütlich machen. Guido hat sich definitiv den allerschönsten Platz am Mainufer gesichert, um richtig leckere Cocktails auszuschenken. Die gab es hier nicht immer: Anfangs hatte der Kunstpädagoge und Kunsthistoriker eine kleine Vitaminoase und Trinkstation für Jogger aufgebaut, nachdem er vor ein paar Jahren – selbst joggend – festgestellt hatte, dass es weit und breit nichts zu trinken auf die Hand gab. Peu à peu wurde der Laden immer größer und mit ihm das Getränkeangebot. Inzwischen ist die mobile Bar am Mainufer definitiv ein »Place to be« für joggende und nicht joggende Lieblingsmenschen.

Bereits seit 17 Jahren gibt es das Cocktail-Kleinod in der Kurve am Main auf der Sachsenhäuser Seite gegenüber der Europäischen Zentralbank. Neben Caipis und Mochitos bekommt ihr auch Flaschenbier, Apfelwein, Weine, Softdrinks, alkoholfreie Cocktails und Wellness-Drinks. Und weil Guido viel zu tun hat und eine »One-Man-Show« ist, nehmt ihr euch die gemütlichen Anglerstühle einfach selbst aus seinem Anhänger und platziert sie dann da, wo es euch passt, am besten natürlich gen Sonnenuntergang und Frankfurter Skyline.

Und hier noch ein Tipp vom Chef: »Die Leute kommen immer, wenn es 35 Grad sind, wenn es wolkenfrei ist und zur Zeit des Sonnenuntergangs, da ist die Schlange dann natürlich schon etwas länger.

Kommt doch einfach bei 25 Grad und bei einem schönen Sonne-Wolken-Mix, dann findet ihr einen super Platz und müsst nicht so lange anstehen!« Und den Sonnenuntergang gibt es natürlich trotzdem inklusive!

Einmal im Jahr ist Guidos Bar am Main übrigens noch ein bisschen mehr angesagt als sonst. Und zwar, wenn im Sommer das Europa Open Air des HR-Sinfonieorchesters und der HR-Big-Band am gegen-

überliegenden Mainufer stattfindet. Wer keine Zeit hat, sich rechtzeitig Plätze für das beliebte und vor allem kostenlose Konzert des Hessischen Rundfunks zu sichern, hat gute Chancen, bei Guido noch ein Plätzchen zu bekommen. Und wir haben es getestet: Auch von hier aus hört ihr das Konzert fantastisch, und es gibt kaum etwas Schöneres, als an einem lauen Abend der Musik zu lauschen und dabei – gerne mit einem Cocktail in der Hand – am Wasser zu sitzen.

Geöffnet oder geschlossen? Die Hauptsaison ist hier von April bis Oktober, und die Öffnungszeiten sind natürlich wetterabhängig. Bei Regen oder starkem Wind bleibt die Location geschlossen. Bei unbeständiger Wetterlage gibt es in der Hauptsaison jeden Tag um 15:00 Uhr eine aktualisierte Info auf www.main-cocktailbar.de.

Und hier noch ein kleiner Hinweis zur Adresse: Das Deutschherrenufer 47 ist ein Haus oberhalb des Mains gegenüber der EZB, ihr müsst von da aus also noch hinunter zum Sachsenhäuser Mainufer, um die Main-Cocktailbar zu finden. Wenn ihr schon unten am Main seid und aus der Innenstadt kommt, dann geht's immer stadtauswärts Richtung Rudererdorf Oberrad, vorbei am Eisernen Steg, Alte Brücke, Ignatz-Bubis-Brücke, Flößerbrücke, und dort könnt ihr die Main-Cocktailbar dann gar nicht übersehen! Prost!

DER KELTENRUNDWEG

Oberhalb der U-Bahn-Station Hohemark startet der 4,5 Kilometer lange Keltenrundweg, ein archäologischer Wanderweg entlang einer alten keltischen Siedlung. Im Taunus-Informationszentrum (direkt neben dem Freizeitrestaurant Waldtraut) gibt es einen Flyer mit genauen Weghinweisen, aber es geht auch ohne: Lauft einfach über die Brücke über die Hohemarkstraße, und schon beginnt der schöne historische Weg, der sich übrigens auch bestens mit Kindern oder älteren Menschen genießen lässt.

Dank der Symbole an den Bäumen, einer Münze mit stilisiertem Keltenkopf, tut der Blick auf eine Karte oder aufs Handy nicht not. Vorbei kommt ihr unter anderem an der imposanten Goldgrube und den Altenhöfen aus dem 3. und 5. Jahrhundert v. Chr. Erkennbar sind auch heute noch die Reste einer Befestigungsmauer, die damals die rund 130 Hektar große Stadt umrahmte. Zum Lesen – und Verschnaufen – laden die 16 Informationstafeln sowie die zahlreichen Erlebnisstationen ein. Und wer den kompletten Rundweg läuft, wird spätestens an der höchsten Stelle auf 500 Meter mit einem tollen Blick über die Stadt belohnt!

TIPP

MITTEN IM WALD FRÜHSTÜCKEN

DAS WALDTRAUT-FREIZEITRESTAURANT

Hohemarkstraße 192, 61440 Oberursel (Taunus)
www.das-waldtraut.de
ÖPNV: Haltstelle Oberursel Hohemark

Ein wunderschönes Restaurant im Grünen, mit leckerem Speisenangebot und direkter U-Bahn Anbindung – und dann leeren Sitzplätzen? Wo gibt es denn so was? Das Geheimnis lautet: am Fuße des Großen Feldbergs und Altkönigs. Das Freizeitrestaurant Waldtraut ist Anlaufstelle für gefühlt alle Wanderer, Mountainbiker und Trailrunner des Rhein-Main Gebiets. Allerdings: Die allermeisten Sportler schlemmen logischerweise nicht vor ihrer Tour, sondern kehren erst danach ein und sorgen ab der Mittagszeit für volle Tische. Heißt im Umkehrschluss: Während die Outdoorfans noch auf den Bergen sind, ist das schöne, moderne Restaurant vormittags noch so gut wie leer.

Draußen auf der schattigen hölzernen Terrasse ist es am allerschönsten; von dort lassen sich auch wunderbar beim Anstoßen mit O-Saft und erstem Cappuccino die eifrigen Sportler beobachten. Die frühe Anfahrt in den Taunus wird nicht nur mit freien Plätzen belohnt, sondern auch mit einem sensationellen Frühstücksangebot. Wir empfehlen das »Frühstück für 2« (was übrigens dicke für drei Personen reicht) mit Brötchen, Aufschnitt, Lachs, Eiern, Obstsalat und zwei Gläsern Sekt!

Wer sich nach dem Festmahl doch noch ein bisschen bewegen, aber nicht gleich die extremen Höhenmeter angehen möchte: Östlich des Restaurants startet der Keltenrundweg, ein archäologischer Wanderweg, der in rund zwei Stunden an bedeutsamen Punkten und mehreren Informationstafeln vorbeiführt. Und seien wir mal ehrlich, hin und wieder an den Tafeln stehenbleiben tut mit dem vollen Bauch wirklich gut …

SCHLEMMEN UND KLECKERN ERWÜNSCHT

NR. 16

Löwengasse 27a, 60385 Frankfurt am Main
www.ristorante-nr16.de
ÖPNV: Haltestelle Bornheim Mitte

Lange war das beste sardische Restaurant in der Wiesenstraße, aber weil der Besitzer der Immobilie die doppelte Miete wollte, ist es nun nach 19 Jahren in der Löwengasse zu finden. Die alte urige Nr. 16 wird jetzt in größeren, eher nüchtern daherkommenden Räumlichkeiten fortgeführt. Erstaunlicherweise haben es die vier Geschwister Vincenzo, Rosa, Laura und Tomas dennoch geschafft, das Herz der Nr. 16, das seit 1977 schlägt, auch in dem neuen Laden zu etablieren. Und die Qualität des Essens ist unverändert grandios, für alle, die sardisches Essen, Knoblauch und teilen mögen. Wie bei einer italienischen Großfamilie werden hier nämlich Nudeln, Salat und Fleisch einfach in die Mitte des Tisches gestellt und los geht das große Fressen! Gerade mit mehreren Lieblingsmenschen ist es ein Genuss, zum Beispiel hausgemachte »Bombolonis« – dicke Nudeln mit Hackfleischbällchen, »Culurgiónes de Armungia« – vegetarische sardische Ravioli oder die »Combinazione« (lasst euch überraschen) zu futtern.

Aber achtet unbedingt darauf, noch ein bisschen Platz im Magen freizulassen, denn ohne die leckerste Tiramisu Frankfurts könnt ihr das Nr. 16 auf keinen Fall verlassen. Wichtig: Direkt am Anfang des Abends eine Portion reservieren lassen, denn – wie gesagt – leckerer geht's nicht, und deshalb ist sie schneller aufgegessen, als ihr »Ciao« sagen könnt.

Wenn ihr Wein mögt, dann bestellt einfach nur ein Glas des roten oder weißen Hausweins, der aus einer großen Flasche direkt am Tisch

in einen »old school« Weinkelch mit grünem Fuß gegossen wird. Hier bekommt das Wort »Oberflächenspannung« eine ganz neue Bedeutung – lasst euch nochmal überraschen! Wir vermuten, dass die sonstigen Flaschenweine sicher erst entstaubt werden müssten, denn den leckeren Hauswein lässt sich hier niemand entgehen.

Und falls ihr beim Blick in die Karte über die hohen Preise stolpert, keine Sorge: Die Portionen sind riesig und reichen definitiv für mehr als eine Person: Wir haben an einem Salat tatsächlich zu viert gegessen.

Die Gastgeber sind übrigens beleidigt, wenn die Tischdecke am Ende des Abends nicht mit Rotwein und jeder Menge Tomatensauce bekleckert ist. Und sie sind natürlich jeden Abend da, um genau das zu überprüfen. Damit euer Abend reibungslos abläuft, hier die perfekte Bestellung für sechs Lieblingsmenschen:

Vorspeise:
4 x hausgemachte Würstchen
1 x Salat Murrisceddu
Hauptspeise:
1 x Bombolonis (dicke Nudeln mit Hackfleischbällchen)
1 x Backe' Onnai (kleine sardische Nudeln mit Wild)
1 x Combinazione (und auch hier bleibt es eine Überraschung …)
(eine der Hauptspeisen könnt ihr, bei vegetarischer Begleitung auch gegen die Culurgiónes de Armungia – vegetarische sardische Ravioli austauschen)
1 x die leckerste Tiramisu Frankfurts (hatten wir schon erwähnt, ich weiß)

DIE BESTEN EISLÄDEN DER STADT

➤➤ »Das Eis« in der Hasengasse 1: Von Himbeer-Rote-Bete-Ingwer über Pancake oder Butterkeks bis hin zu Ananas-Petersilie, hier sind der kulinarischen Kreativität definitiv keine Grenzen gesetzt. Alles echt! Alles 100 % Natur, und hier bekommt ihr auch veganes, gluten- oder laktosefreies Eis.

➤➤ Auch in der »Aroma Eismanufaktur Frankfurt« in der Windmühlstraße 14 bekommt ihr ausgefallene Sorten. Und so originalgetreu wie die Geschmäcker hier sind, haben wir es nirgendwo anders erlebt! Unsere Lieblingssorten: gesalzene Erdnuss und das vegane Schokoladeneis.

➤➤ In der »Bizziice Eisdiele Organic Gelato« in Sachsenhausen in der Wallstraße 26 findet ihr neben der klassischen Eiscreme auch Eiscookies und Torten mit einer Haube aus Eiskugeln. Besonders lecker finden wir das laktosefreie Sorbet.

TIPP

AM MAIN SCHNEE-EIS SCHLECKEN
TOKYO YATAI-FOODTRUCK

Walther-von-Cronberg-Platz 1, 60594 Frankfurt am Main
www.tokyo-yatai.com
ÖPNV: Haltestelle Lokalbahnhof

Es gibt wahrscheinlich genauso viele Empfehlungen für die angeblich beste Eisdiele der Stadt wie es Eisdielen in Frankfurt gibt. Das mit Sicherheit außergewöhnlichste Eis, das ihr mit eurem Lieblingsmenschen essen könnt, bekommt ihr aber definitiv am Walther-von-Cronberg-Platz direkt am Main.

Dort gibt es das in Japan berühmte Schnee-Eis Kakigori, das Kato, Tsubasa und Juri nach Frankfurt geholt haben. Die drei Geschäftsführer des Tokyo Yatai servieren ihre Kunstwerke in typischer Schnee-Eis-Montur – in einem Happi, einer traditionellen japanischen Jacke. Und alleine die Herstellung des Eises ist schon sehenswert. Zunächst werden mit einer speziellen Kakigori-Maschine hauchdünne Flocken von einem Eisblock in einen Becher geraspelt, dann kommen verschiedene Saucen dazu. Zur Auswahl gibt es unter anderem Erdbeere, Holunder mit Zitrone oder Matscha (Grüntee). So wird Schicht um Schicht aufgetürmt. Bei allem achten die Jungs ganz besonders auf Qualität: Die Saucen sind hausgemacht, die Erdbeeren kommen aus der Region, und das Eis hat durch das Extrahieren von Gasen aus dem Wasser eine ganz besondere, atemberaubende Klarheit und natürlich auch einen einzigartigen Geschmack! Wie gesagt: Alleine die Zubereitung des Schnee-Eises zu beobachten, ist einen Besuch der kleinen mobilen Holz-Eisdiele wert, die übrigens auch in liebevoller Handarbeit entstanden ist. Wir sagen: Absolut außergewöhnlich, aber schaut es euch einfach selbst an – und vor allem: Probiert es auch! Geschabt wird übrigens nur an sonnigen Tagen, ab 20 Grad.

KAFFEE UND KUCHEN ZWISCHEN ZITRONENBÄUMEN GENIESSEN

CAFÉ MENTHE

Dortelweiler Straße 87, 60389 Frankfurt am Main
cafementhe.de
ÖPNV: Haltestelle Friedhof Bornheim oder Seckbacher Landstraße

Kennt ihr das? Durch die Reihen einer Gärtnerei zu schlendern und sich auszumalen, welche Bäumchen und Pflanzen eines Tages den eigenen Garten schmücken werden? Und euch zu überlegen, ob das eine oder andere Blümchen hier vielleicht doch noch in die letzte Ecke des winzigen Balkons passen könnte …?

Im Café Menthe werden diese Wunschvorstellungen tendenziell noch intensiver: Das schöne grüne Café direkt neben der Gärtnerei Klumpen ist umrahmt von deren Pflanzen und offeriert Frühstück, Kaffee und Kuchen oder deftige Gerichte auf der schönen Außenterrasse. Zwar handelt es sich um zwei getrennte Betriebe, doch die Besitzer sind befreundet und möchten ihren Gästen das Gefühl eines vereinten Ortes vermitteln. Dank des neuen Glasdaches könnt ihr selbst bei Regen und an kälteren Tagen draußen Platz nehmen. Für Frostbeulen gibt es sogar ein paar kuschelige Decken. Wie herrlich, dass man dabei immer noch den Blick auf die Pflanzen hat …, da kann das Ratespiel schon beginnen. Ist das ein Birnen- oder Zitronenbaum? Ein Erdbeer- oder Tomatenstrauch?

Maria, die Gastgeberin, hat sich mit dem grünen Café einen großen Traum erfüllt. Zusammen mit ihrer Freundin Kolli setzt sie auf Nachhaltigkeit und vor allem auf den Wohlfühlfaktor: gemütliche, familiäre Atmosphäre, phänomenaler Kuchen, frische Gerichte aus Bio-Zutaten und hauptsächlich aus regionaler Herstellung, vieles vegan, meistens vegetarisch.

An drei Tagen der Woche ist das Café bis spät geöffnet und kredenzt neben warmen Hauptgerichten lokale Weine und hin und wieder Livemusik oder Lesungen. Einfach vorher auf die Website schauen oder spontan vorbeikommen – Maria empfängt ihre Gäste, kleine und große, zwei- oder vierbeinig, immer sehr herzlich und mit offen Armen.

DIE BESTEN CROISSANTS DER STADT PROBIEREN

LIEBESBROT

Mendelssohnstraße 60, 60325 Frankfurt am Main
www.liebesbrot.com
ÖPNV: Haltestelle Westend

Wir würden es nicht behaupten, hätten wir sie nicht immer und immer wieder probiert. Unter Insidern werden sie gehypt, und es stimmt: Im Liebesbrot bekommt ihr die knackigsten Croissants der Welt! Also, zumindest der Stadt. Die kleine Bäckerei im Westend backt ihre Ware aus regionalem Bio-Getreide jeden Tag frisch. Was ihr in der Theke seht, ob Brot, Brötchen oder Brezel, ob süß oder herzhaft, wurde vor Ort selbst gebacken.

Liebesbrot ist neben Backstube sowohl Café mit Cappuccino, Quiches und Eintöpfen als auch ein kleiner Shop mit selbst gemachter Marmelade und Weinflaschen vom Lammjung-Weingut im Angebot. Drinnen ist das kleine Café charmant mit nostalgischem Flair eingerichtet, draußen findet ihr eine große Terrasse und zwei Nachbarlokale. Ganz rechts verkauft der Jaffa Market israelische Gerichte und hat von Falafel über Shakshuka bis hin zu orientalischen Süßspeisen alles da. Dazwischen ein kleiner Obst-Gemüse-Feinkostladen mit Delikatessen, Fischbrötchen und leckeren frisch hergestellten Smoothies. (Achtung: Die Säfte mit Ingwer sind wirklich richtig schön scharf!)

Das Nette daran: Die drei völlig unterschiedlichen Lokalitäten teilen sich den Außenbereich und erlauben den Verkauf und Verzehr untereinander. So könnt ihr euch vom Jaffa Market beispielsweise eine gebratene Aubergine mit Hummus holen, vom Feinkostladen einen Apfel-Karotten-Ingwer-Saft und von Liebesbrot eins (oder zwei) der knusprigen Croissants und zum Nachtisch Birnentarte. Eine wirklich schmackhafte bunte Mischung!

EINE ZEITREISE UNTERNEHMEN
CAFÉ MAINGOLD

Zeil 1, 60313 Frankfurt am Main
www.cafe-maingold.de
ÖPNV: Haltestelle Konstablerwache, Zoo oder Merianplatz

Egal in welcher Begleitung und zu welcher Tages- oder Jahreszeit, an diesem Ort seid ihr immer goldrichtig! Dank der zentralen Lage, der netten Atmosphäre und der frischen Zutaten hat sich das Café Maingold bereits einen Namen gemacht. Dennoch wirkt es auf uns nach wie vor noch klein und gemütlich altmodisch: Die bunten Sessel und Stühle mit nostalgischem Fünfzigerjahre-Touch versetzen euch zurück in alte Zeiten, und durch die vier verwinkelten Innenräume bekommt ihr eher das Gefühl, in einer Wohnung als in einem Restaurant zu sitzen. Spätestens dann, wenn ihr euch eine der Kuscheldecken ausleiht, fühlt ihr euch wie in Omas Wohnzimmer!

Marie, die Betreiberin des Ladens, hat viel Liebe in die Vier-Zimmer-Küche-Bar gesteckt, wie sie es gerne nennt. Am Herzen liegen ihr frische, originelle Gerichte sowie die artgerechte und ökologische Landwirtschaft. Allein die vegetarischen Speisen sind schon so vielfältig, dass die Auswahl wirklich schwerfällt: Wird es am Ende der Salat mit gegrilltem Halloumi und gebacken Nektarinen oder doch der gegrillte Ziegenkäse mit Mango und Walnüssen?

Bei sommerlichen Temperaturen lockt draußen vor dem Café die idyllische Gartenecke; auch Kinderwagen finden genug Platz, und es ist trotz der Straße relativ ruhig. Wen die vorbeifahrenden Autos nicht stören, dem möchten wir die zwei coolen Vintage-Sessel direkt vor dem Eingang empfehlen. Dort könnt ihr euch von der Abendsonne wärmen lassen und dabei wunderbar Passanten beobachten.

VON DER BESTEN WAFFEL DER STADT KOSTEN
WOCHENMARKT KONSTABLER WACHE

60313 Frankfurt am Main
erzeugermarkt-konstablerwache.de
ÖPNV: Haltestelle Konstablerwache

Wenn ihr das nicht macht, dann habt ihr echt einen an der Waffel: Der Waffelstand auf dem Erzeugermarkt der Konstablerwache gehört in Frankfurt sozusagen zum kulinarischen Pflichtprogramm! Andreas Hahner hat das kleine Waffellädchen vor circa 20 Jahren von einem älteren Ehepaar übernommen, das sich zur Ruhe gesetzt hat. Und obwohl er selbst Bäckermeister ist, hat er das seit Generationen überlieferte Familienrezept der beiden eins zu eins so gelassen, wie sie es vertrauensvoll in seine Hände gegeben haben, denn »die Großeltern-Generation hat es einfach drauf, das Rezept konnte ich gar nicht verbessern!«

Besonders wichtig ist ihm, dass er bis heute kein Trockenmehl, keine Trockenmilch und kein Trockenei verwendet. Die Eier kommen sogar direkt vom Stand nebenan und werden erst vor Ort aufgeschlagen. Das ist natürlich alles sehr löblich, was die Waffeln dann aber zu den besten Frankfurts macht: Andreas Hahner verwendet nur echte Vanille, und da spielt es auch keine Rolle, wie teuer diese gerade ist: »Der Vanillepreis schwankt immer so zwischen 400 und 1200 Euro pro Kilo, das ist teuer, macht aber den Geschmack aus.«

Das Waffelrezept ist leider geheim, aber natürlich gibt es noch ein paar Tipps von dem Mann, der die besten Waffeln der Stadt macht: Auf das Kilo Mehl kommen bei ihm 17 Eier, das sind wirklich sehr viele. In seine Waffeln gehört sowohl Butter als auch Margarine und ganz wichtig natürlich: viel Liebe.

Die Waffeln könnt ihr dann entweder nur mit Puderzucker genießen oder mit Obst aus der Region. Je nach Saison zum Beispiel mit Mus aus Rhabarber, Zwetschgen oder Heidelbeeren. Und natürlich gibt es auch spezielle Kreationen, wie zum Beispiel Waffeln zu Halloween mit geschredderten Kürbissen und mit Zimt, Rum, Rosinen und Mandeln verfeinert. Oder zur Weihnachtszeit: Waffeln mit Apfelbrei, hergestellt aus Äpfeln aus der Region. Aber egal, wie ihr die Waffel esst, sie schmecken immer phantastisch!

Bevor ihr euch dann satt und glücklich auf den Weg nach Hause begebt, macht unbedingt noch einen Abstecher beim Schoppe Otto. Seinen Stand findet ihr in der Mitte des Marktes, zu erkennen an den roten großen Sonnenschirmen. Hier gibt es richtig leckeren selbst gemachten und vor allem unbehandelten Apfelwein. Also genehmigt euch am besten direkt noch vor Ort ein, zwei Gläschen Apfelwein (dank der Waffelgrundlage ja kein Problem). Wenn ihr dann Gefallen am Geschmack gefunden habt, könnt ihr den Schoppen auch, abgefüllt im coolen Kanister, mitnehmen.

Der Erzeugermarkt an der Konstablerwache – eigentlich einer von Frankfurts hässlichsten Plätzen – wird jeden Donnerstag und Samstag zu einem beliebten Treffpunkt und ist, direkt an Frankfurts Einkaufsmeile Zeil angrenzend, ein Muss beim samstäglichen Einkaufsbummel. Wobei ihr definitiv erst shoppen gehen solltet, weil euch nach Waffeln, Apfelwein & Co wahrscheinlich erst mal nach einem Nickerchen mit eurem Lieblingsmenschen zumute ist, und das habt ihr euch dann auch redlich verdient!

BETHMÄNNCHEN – DIE WEIHNACHTLICHE GEBÄCKSPEZIALITÄT AUS FRANKFURT

Einer Legende nach sollen die Bethmännchen im Jahr 1838 von dem Pariser Konditor Jean Jacques Gautenier erfunden worden sein, der Küchenchef im Hause des Bankiers und Ratsherrn Simon Moritz von Bethmann war. Ursprünglich wurden die Bethmännchen mit vier Mandelhälften bestückt, eine für jeden der vier Söhne Bethmanns. Nach dem Tod Heinrichs im Jahr 1845 wurde fortan eine Mandelhälfte weggelassen. Diese Legende ist allerdings umstritten, aber sei's drum, lecker sind die Bethmännchen auf jeden Fall.

➤➤ Zutaten für 18 Bethmännchen
200 g Marzipanrohmasse, 60 g Puderzucker, 1 Ei, 100 g gemahlene Mandeln, 4 EL Mehl, 3 EL Milch, 40 g blanchierte Mandeln (ganz)

Und so wird's gemacht:
Das Marzipan grob hacken, den Puderzucker darübersieben. Das Ei trennen. Gemahlene Mandeln, Mehl und Eiweiß zum Marzipan geben und alles miteinander verkneten. Mit den Händen kleine Kugeln formen und diese auf ein mit Backpapier ausgelegtes Backblech setzen. Den Backofen auf 175 Grad (Umluft: 155 Grad) vorheizen. Das Eigelb mit der Milch verquirlen. Jeweils drei blanchierte Mandeln an eine Teigkugel drücken. Zum Schluss die Kugeln mit der Eigelb-Milch-Mischung bepinseln und etwa 15 Minuten backen. Danach abkühlen lassen.

TIPP

IM REGENWALD-RESTAURANT SCHLEMMEN
DAS HERZ

Braubachstraße 31, 60311 Frankfurt am Main
dasherzvonfrankfurt.com
ÖPNV: Haltestelle Römer/Paulskirche oder Dom/Römer

Der Sommer lässt noch auf sich warten, und der nächste Regenschauer bahnt sich an, dabei wolltet ihr eigentlich gemeinsam draußen im Grünen was trinken gehen? Wenn es sich draußen bezieht, wirken viele Lokale meist gleich etwas dunkler und kompensieren mit hellem Licht.

Nicht so das »Herz« in der Frankfurter Altstadt: An dunklen, verregneten Tagen wird es erst recht gemütlich. Denn sobald ihr das Restaurant betretet, fühlt ihr euch wie im Dschungel! Die Wände sind mit Bildern von Regenwäldern tapeziert, von der Decke hängen Efeu und andere Pflanzen. Die Stühle sind grünblau wie das Meer, die Deko ist klassisch und stylisch. Alles ist bunt und hell – und die Stimmung schnell entsprechend heiter!

Kulinarisch werdet ihr im »Herz« auch verwöhnt. Vor allem die ständig wechselnden Kuchensorten sind zum Dahinschmelzen, und die gesunden Frühstückskombis wie »vitales Herz« oder »kräftiges Herz« bleiben in Erinnerung. Wie wäre es zum Beispiel mit einem grünen Smoothie, kombiniert mit einem veganen Kokosnuss-Limetten-Schokokuchen oder Maracuja-Cheesecake? Neben Frühstück und Kaffee und Kuchen haben sich die Besitzer auf Smoothies sowie Cocktails spezialisiert und mixen gerne mal etwas nach Wunsch zusammen.

Mittwochabends veranstaltet das »Herz« die »Favourite Sounds for Music Lovers« mit abwechselnden DJs. Im Sommer findet ihr draußen an der Straße eine Terrasse, doch wir meinen: Diese bezaubernde Location eignet sich ganz besonders für die etwas trüben Regentage!

ORIENTALISCHES FLAIR MITTEN IN DER STADT ERLEBEN

PICKNICK CAFÉ-BAR

Spessartstraße 2, 60385 Frankfurt am Main
www.picknickcafe.de
ÖPNV: Haltstelle Bornheim Mitte

Nicht weit entfernt von dem urigen Bornheimer Uhrtürmchen liegt das Picknick Café Bornheim. Nähert ihr euch dem Café, könnt ihr noch nicht ahnen, dass sich direkt dahinter ein Kuchenparadies und ein Stück Marokko verbirgt. Sobald die mächtigen Vorhänge am Eingang zur Seite geschoben werden, überrascht euch ein großer, heller und wunderschön dekorierter Raum, der viele kuschelige Plätze bietet. Die gemütlichsten befinden sich hinten rechts in der Ecke, in der ihr in aller Ruhe schmausen, reden (oder eben kuscheln) und gleichzeitig das bunte Treiben beobachten könnt.

Die Betreiber haben sich vor allem auf marokkanisch-orientalische, vegane und vegetarische Gerichte konzentriert. So sind die Wraps, Tajinen oder Falafel-Teller mit Hummus und Tscharmila ein himmlischer und dazu noch gesunder Festschmaus. Etwas kalorienreicher sind die köstlichen Kuchen, die sich vorne in der Vitrine befinden. Wie wäre es zum Beispiel mit einem veganen Dattelkirschkuchen?

Das Picknick Café Bornheim existiert in seiner heutigen Größe übrigens erst seit ein paar Jahren. Vor dem Ersten Weltkrieg war das Gebäude eine Gaststätte und auf dem Dach die Kaiserliche Reichspost mit einer Telegrafenstation untergebracht! Besonders schön anzuschauen sind heute nicht nur die Möbel, sondern vor allem auch die Decke, an der mehr als 50 Lampen im marokkanischen Stil hängen.

SICH GEMEINSAM EINMAL UM DIE WELT FUTTERN
KLEINMARKTHALLE FRANKFURT

Hasengasse 5–7, 60311 Frankfurt am Main
kleinmarkthalle.de
ÖPNV: Haltestelle Börneplatz, Dom/Römer oder Konstablerwache

Ohne eine Fleischwurst von Ilse Schreiber solltet ihr euren Einkauf in der Kleinmarkthalle definitiv nicht beenden! Sie ist so himmlisch lecker!

Aber fangen wir von vorne an: Wenn ihr erst einmal die kleine versteckte, denkmalgeschützte Kleinmarkthalle gefunden habt, begrüßen euch schon beim Hereinkommen allerlei phantastische Düfte und geschäftiges Treiben. Nicht mehr und nicht weniger als 60 Händler erwarten euch, um ihre Lebensmittel aus aller Welt anzubieten. Gewürze, Tees, frische Kokosnüsse, aus denen ihr vor Ort direkt mit einem Strohhalm trinken könnt, Obst und Gemüse, Fleisch, Käse und natürlich die sieben Kräuter für eure Frankfurter Grüne Soße, die ihr unbedingt einmal selbst machen müsst – hier in der Kleinmarkthalle gibt es wirklich alles, was das Gourmet-Herz begehrt. Und das Beste: Ihr könnt die Köstlichkeiten direkt am Stand probieren! So bunt wie die Auslagen der Händler ist übrigens auch das Publikum. Feinschmecker, Studenten, Leute, die nach der Arbeit vorbeischauen, und Touristen aus aller Welt kommen hierher, um das besondere Flair und die angebotenen Leckereien zu genießen oder einfach in geselliger Atmosphäre ein leckeres Glas Wein zu trinken.

Hier ein Extra-Tipp für Fischliebhaber: Im Keller der Kleinmarkthalle könnt ihr freitags und samstags von 9 Uhr bis 14 Uhr beobachten, wie aus dem reichlich gefüllten Becken Forellen, Karpfen und Saiblinge gegriffen und direkt vor euren Augen küchenfertig zubereitet werden. Frischer geht es nicht! Und übrigens, wer noch Kochtipps für seinen

Fisch braucht, ist bei dem Inhaber Franz Georg Burkhard an der richtigen Adresse.

Und apropos Fisch: Wer es besonders edel mag, genehmigt sich bei »Mare Blu« im Obergeschoss einen Teller frische Austern. Die schlürft ihr entweder direkt am Stand, oder ihr nehmt sie mit auf die Weinterrasse zum Rollander Hof und genießt sie dort mit einem Gläschen leckeren Weißwein. Dort bekommt ihr sowohl eisgekühlte Weinflaschen als auch kleine 0,1-Liter-Gläser serviert. So lassen viele Frankfurter gerne den Einkaufsbummel am Samstag mit einem netten Plausch mit anderen lieben Menschen ausklingen.

Jetzt aber zurück zu Frau Schreiber und ihrer phantastischen Fleischwurst: Nach ihrem Stand müsst ihr nicht fragen, sondern – wie könnte es anders sein – ihr haltet einfach Ausschau nach der längsten Schlange in der Halle! Hier haben schon Prominente wie Helmut Kohl geduldig auf die beste heiße Fleischwurst der Stadt gewartet. Sie wird traditionell mit Senf, Gummer (Gurke) und Wasserweck verzehrt. Durch die lange Schlange lässt die inzwischen 80 Jahre alte Ilse Schreiber sich übrigens nicht aus der Ruhe bringen, für einen kleinen Plausch mit ihren Kunden muss immer Zeit sein. Und wenn sie vor den dampfenden Kesseln steht, die Wurst, die Gurke und das Wasserweck liebevoll auf kleine Pappteller drapiert, dann merkt man sofort, dass der Wurststand eine wirkliche Herzensangelegenheit für sie ist. Ilse Schreiber und ihr schmales, beige gefliestes Wurst-Kabuff sind in der Frankfurter Markthalle definitiv Kult.

FRANKFURTER GRIE SOSS

Grie Soß gibt's heut' zum Middaachesse, mit siwwe Kräuder, all aus Hesse!

Zutaten: (für 2 Personen als Hauptgericht)
➤➤ 2 Eier, hart gekocht (für mehr als 2 Personen nehmt ihr immer ein Ei weniger als ihr Leute seid)
➤➤ je ein Bund glatte Petersilie, Schnittlauch, Kerbel, Pimpinelle
➤➤ einige Blätter Sauerampfer, Borretsch
➤➤ 1 Becher (125 g) Joghurt
➤➤ 1 Becher (125 g) saure Sahne
➤➤ 2–3 EL Essig
➤➤ 2 EL Raps- oder Sonnenblumenöl
➤➤ 1 EL mittelscharfer Senf
➤➤ Salz und schwarzer Pfeffer aus der Mühle
➤➤ 1 Prise Zucker

So geht's:
Eier kochen, schälen und abkühlen lassen. Alle Kräuter grob hacken und mit dem Mixer pürieren. Eier, Senf, Essig, Öl, etwas Salz und Pfeffer hinzugeben. Die Kräutermasse mit saurer Sahne und Joghurt vermengen, bis die gewünschte breiartige Konsistenz entsteht. Dann lasst ihr die Grie Soß mindestens 30 Minuten ziehen und schmeckt sie danach mit Salz, Pfeffer, einer kleinen Prise Zucker und eventuell etwas Essig ab. Die Grüne Soße sollte kühl, aber nicht eiskalt sein.
Zur Grie Soß isst man gekochte Kartoffeln und hart gekochte Eier. Häufig wird die Soße auch als Beilage zu Tafelspitz, Frankfurter Schnitzel oder Fisch gegessen.

TIPP

IM JUGENDSTIL-AMBIENTE GLÜCKLICH FRÜHSTÜCKEN
CAFÉ IM GLÜCK

Gluckstraße 17, 60318 Frankfurt am Main
www.instagram.com/im_glueck
ÖPNV: Haltestelle Glauburgstraße

Im schicken Frankfurter Nordend reiht sich ein hübsches Café an das andere. Aber wetten: Das Café im Glück ist das einzige, das euch auf der Toilette mit einer musikalischen Einlage beglückt! Mal im Ernst: Für uns ist es die Location mit der liebevollsten Inneneinrichtung, den nettesten Besitzern und dem leckersten Frühstück.

Erst vor ein paar Jahren gab es hier noch ein Tabakgeschäft, in dem auch Lotto gespielt und dadurch dem einen oder anderen zum Glück verholfen wurde. Die Namensfindung fiel den Besitzern Aylin Kal und Sasa Pelesich daher nicht schwer, passenderweise liegt das Gebäude auch noch in der Gluckstraße.

Draußen sitzt ihr schön in der Sonne und könnt das Treiben auf der hippen Glauburgstraße beobachten. Richtig nett ist es aber auch drinnen in den zwei kleinen hellen Zimmern: Die Bodenkacheln, die Vintage-Möbel und die Deko verleihen dem Ganzen einen nostalgischen Touch. Die Sessel und Tische im Jugendstil stammen aus alten Zeiten, ergattert auf Flohmärkten und bei Online-Auktionen. Die alten Schwarz-Weiß-Bilder an den Wänden mit Menschen aus dem Nordend machen das Café noch persönlicher.

Aylin und Sasa haben viel Herzblut in das Café gesteckt und tun es nach wie vor tagtäglich in der Küche: Es gibt schmackhaftes Frühstück, kreative Tagesgerichte und himmlischen Kuchen. Vieles ist vegan, glutenfrei und vegetarisch; zu empfehlen ist zum Beispiel der Mango-Kokos-Becher oder die Pink Smoothie Bowl.

DEN TAG
LÄSSIG UND ROMANTISCH
AUSKLINGEN LASSEN
MAINCAFÉ

Schaumainkai 50, 60596 Frankfurt am Main
maincafe.net
ÖPNV: Haltestelle Schweizer Platz

Wenn ähr voh Hibbdebach noch Dribbdebach üwer de Maa laaft …, also anders gesagt, wenn ihr am Sachsenhäuser Ufer steht mit Blick zum Main und rechter Hand liegt der Eiserne Steg und links der Hohlbeinsteg, dann findet ihr genau dazwischen das Maincafé.

Hier nimmt der Frankfurter gerne im Abendsonnenschein seinen After-Work-Drink ein und blinzelt dabei ganz bodenständig auf der Wolldecke sitzend die Skyline an. Das Café selbst befindet sich im Mauerwerk der Uferpromenade und besteht im Grunde aus einer Theke und sanitären Anlagen. Einfache Regel: Bei schönem Wetter geöffnet! Draußen werden Apfelwein und Bier von entspannten Typ*innen gezapft, im Innenbereich gibt es heiße Kaffeespezialitäten, Kuchen von Oma oder sogar ein Schmalzbrot für den kleinen Hunger zwischendurch.

Wer nicht auf dem Boden sitzen möchte, kann auch auf einer der vielen Holzbänke Platz nehmen, oder ihr mietet euch gegen eine Leihgebühr von zehn Euro einen gemütlichen Liegestuhl.

Und dann Folgendes beachten: Tief ausatmen, einen Schluck vom gekühlten Getränk nehmen, zurücklehnen, Blick fest geradeaus auf den Main und in dieser Position die nächsten ein bis sechs Stunden verharren. Merkt ihr's? Da isse! Die totale Entspannung. Herrlich …!

Ob zum ersten Date oder zum Jahrestag: Es ist einfach zauberhaft zu beobachten, wie sich der Tag im tollsten Farbenspiel verabschiedet und die funkelnde Skyline die Nacht erhellt. Mehr Romantik ist einfach nicht drin.

IM SCHATTEN VON BÄUMEN
DEN NACHMITTAG GENIESSEN
BIERGARTEN DARMSTADT

Dieburger Straße 97, 64287 Darmstadt
www.biergarten-darmstadt.com
ÖPNV: Haltestelle Spessartring

Wenn man sich einen klassischen Biergarten als schönen Ort mit großen, alten, schattenspendenden Bäumen, rustikalen Bänken, Kinder-
spielplatz, gegrillten Würstchen, frisch gezapftem Bier und Holzhütten
mit Selbstbedienung vorstellt, wird man in Frankfurt leider nicht fündig. (Sorry, liebe Gerbermühle …)

Gut, dass Darmstadt nur einen Katzensprung entfernt ist und gleich
zwei dieser Exemplare zu bieten hat: den noch relativ jungen Bayri-
schen Biergarten an der Eissporthalle und den Biergarten Darmstadt in
der Dieburger Straße. Diese urige Gartenwirtschaft gibt es inzwischen
schon seit über 40 Jahren. Sie liegt mitten in der Stadt, zwischen alten
Kastanien am Fuße der Mathildenhöhe. Romantisch und trotzdem
handfest, klassisch und trotzdem gemütlich.

Essenstechnisch gibt es dort alles, was das Herz begehrt: vom klassischen Schnitzel, der Bratwurst vom Grill mit einem hervorragenden
Kartoffelsalat über vegetarische Kartoffelspalten mit Kräuterquark bis
hin zu Münchner Weißwurst mit Brezel und süßem Senf. Außerdem
der Renner im Biergarten: das Kochkäseschnitzel. Dazu ein frisch
gezapftes Helles aus der Darmstädter Traditionsbrauerei Grohe oder
ein bayrisches Weizen vom Fass – einfach himmlisch!

Im Biergarten Darmstadt könnt ihr pünktlich mit den ersten Son-
nenstrahlen die Freiluftsaison mit eurem Lieblingsmenschen einleiten
und theoretisch bis in den Herbst sitzen bleiben. Vom alteingesessenen
Darmstädter über zugezogene Studenten, die zwischen Hörsalenge und

Klausurenstress ein schnelles Bier zischen, bis hin zu Frankfurtern – auf der Suche nach einem echten Biergarten trifft sich hier alles, was Lust auf ein paar tolle und entspannte Stunden hat. Unglaublich, dass dieser wunderschöne Platz mitten in der Stadt noch keiner Reihenhaussiedlung weichen musste.

Wer sich sein Feierabendbier erst noch verdienen möchte, kommt mit dem Fahrrad von Frankfurt nach Darmstadt und natürlich auch wieder zurück. Und das auch noch richtig komfortabel: Derzeit wird auf der Strecke eine Fahrradautobahn gebaut, die schon auf dem ersten fertigen Abschnitt richtig Spaß macht. Es gibt breite Wege, klasse Asphalt, und ihr findet auf der Strecke immer wieder kleine Unterstände mit Werkzeug wie zum Beispiel Luftpumpen, Schraubendreher und Ersatzmuttern, falls mal eine Reparatur nötig ist. Unser Highlight: Radlergerechte Mülleimer, diagonal auf Brusthöhe angeordnet, sodass man seinen Müll während der Fahrt entsorgen kann.

Einmal fertiggestellt, soll die Strecke durchgehend mit Laternen und Bewegungsmeldern ausgestattet sein, und ihr fahrt auf einer Strecke von 35 Kilometern von Darmstadt über Erzhausen, Egelsbach, Langen, Dreieich, Neu-Isenburg bis nach Frankfurt – und spätestens dann habt ihr am Ende auch alle Kalorien vom frisch Gezapften bis hin zum Schnitzel wieder abtrainiert!

APPS FÜR DIE RADTOUR

➤➤ Radroutenplaner Hessen
Bei dieser speziell für Hessen entwickelten App könnt
ihr Themenrouten wählen. Sie stellt Sehenswürdigkeiten
dar und zeigt Routendetails sowie die aktuelle Position
an. Außerdem berechnet sie die individuelle Fahrradroute nach Start-, Ziel-, und Zwischenpunkten.

➤➤ Komoot
Mit dieser App könnt ihr Routen genau planen und zwischen Mountainbiking, Rennradmodus und normalem
Radeln wählen. Die Basisversion ist kostenlos, Offline-
karten und auch die Sprachnavigation kosten extra.

➤➤ Bike Computer
Hier bekommt ihr eine umfangreiche Gratisversion,
selbst die bei fast allen anderen kostenpflichtigen Off-
linekarten sind hier kostenlos. Das gilt auch für die
Routenplanung, das Streckenprotokoll und die Höhen-
profile. Extrakosten fallen nur für die Sprachsteuerung an.

➤➤ Outdooractive
Wie der Name schon sagt, ist dies eine App für Outdoor-
Fans. Ob zu Fuß oder mit dem Rad – hier findet ihr die
passende Route. Anders als bei den Konkurrenten gibt
es hier sogar Gradmesser und Kompass.

TIPP

IN DER NEUEN WILDNIS ENTSPANNEN UND TOBEN

ALTER FLUGHAFEN BONAMES

Am Burghof 55, 60437 Frankfurt am Main
tower-cafe.de
ÖPNV: Haltestelle Kalbach oder Nordpark

Wir lieben den Flughafen Bonames, weil dieser Ort wirklich unglaublich viel zu bieten hat: Ob als Eltern, weil die Kids sich hier so gut selbst beschäftigen können, als Liebespaar, weil es auf einer Decke auf der Wiese so schön romantisch ist, oder als Freunde, weil ihr super im Tower-Café sitzen und Leute beobachten könnt.

Der Alte Flugplatz war ursprünglich mal ein alter US-Militärflugplatz mitten im Frankfurter Grüngürtel. Inzwischen ist das Gelände so zugewuchert, dass nicht mehr viel von einem Rollfeld zu sehen ist. Dafür aber umso mehr Wildnis. Ganz ehrlich: Wir staunen über so viel Natur nicht weit weg von der Großstadt.

Wer Lust auf einen faulen Tag hat, findet im Tower-Café den perfekten Platz dafür. Hier könnt ihr bei selbst gemachtem Kuchen oder einem der besten Pulled-Pork-Burger der Stadt einfach mal die Seele baumeln lassen. Die Preise im Tower-Café sind absolut fair, und zusätzlich tut ihr auch noch etwas Gutes: Das Restaurant beschäftigt viele Langzeitarbeitslose, die so einen Weg zurück ins Berufsleben finden. Chapeau! Ein kleiner Tipp: Wenn ihr einkehren wollt, dann solltet ihr auf jeden Fall genügend Bargeld einstecken. Es gibt am Alten Flugplatz nämlich keinen Geldautomaten, und mit EC-Karte zu zahlen war bisher nicht möglich.

Wer Kinder hat oder sich selbst noch wie eins fühlt, tobt sich auf der 750 Meter langen ehemaligen Startbahn aus: Hier könnt ihr Inliner, Skateboard, Longboard, Fahrrad oder Dreirad fahren, also eigentlich

alles benutzen, was Räder hat und kein Auto ist. Nebenan laden große Wiesen zum Fußball kicken, Frisbee schmeißen oder Freiluft-Yoga ein. Im hinteren Bereich am Ende der Startbahn wartet ein weiteres Highlight für große und kleine Kids: Ausgestattet mit Cacher und verschiedenen Gefäßen könnt ihr in einem großen Tümpel Frösche und Kaulquappen fangen.

Wenn ihr den Ausflug professionell angehen wollt, wir nennen es auch betreutes Tümpeln, dann könnt ihr euch an einen der vielen Landschaftslotsen wenden, die von März bis September immer samstags und sonntags von 11 bis 18 Uhr vor Ort sind.

• Sie geben Infos rund um den Alten Flugplatz.

• Laden zu naturkundlichen Führungen zu Vogel, Frosch und Pflanze ein.

• Sie bieten Mitmach-Aktionen für Familien mit Kids.

Auch das Feuerwehr-Museum mit seinen historischen Fahrzeugen, Handdruck- und Tragkraftspritzen, Uniformen und weiterer Ausrüs-

tungsgegenständen aus verschiedenen Jahrhunderten ist sehenswert. Geöffnet ist es von Mitte März bis Oktober immer sonntags von 9.30 bis 12.30 Uhr. Etwas versteckt hinter dem Feuerwehr-Museum liegt das Weidenlabyrinth. Geht einfach noch ein Stück weiter und schaut hinter den Büschen. Nach dem Herbert-Grönemeyer-Motto »Ah, ich drehe schon seit Stunden hier so meine Runden … ich komm zu spät zu dir mein Schatz …« dauert es dann sicherlich die eine oder andere Runde, bis ihr es letztendlich in die Mitte des Labyrinths geschafft habt.

Ist der Schatz dabei, lautet die Devise am Ende definitiv: Decke ausbreiten und 3,2,1 kuscheln!

MIT DEM LIEBLINGSMENSCHEN

Seite an Seite
Kultur erleben

BEI PUB-SNACKS NEUE BANDS LIVE ENTDECKEN
FRANKFURT ART BAR

Ziegelhüttenweg 221, 60598 Frankfurt am Main
www.frankfurtartbar.de
ÖPNV: Haltestelle Frankfurt Louisa oder Gablonzerstraße

Nicht ganz einfach zu finden ist sie, die Frankfurt Art Bar, kurz FAB. Aber schon das allein macht den Charme dieser einzigartigen, rustikalen Location aus. Versteckt im Kleingärtnerverein der Rosisten taucht sie nach etwas Suchen zwischen den Schrebergärten auf. Der Name verrät: Hier geht's um Kunst. Oder ist es nun doch eine Bar?

Auf den ersten Blick ist es vor allem erst einmal eine typische Apfelweinwirtschaft, in der die gängigen Frankfurter Gerichte wie Handkäs, Spundekäse und Schnitzel mit Grüner Soße serviert werden (unbedingt empfehlenswert der Handkäs-Salat mit Apfelscheiben und Apfelwein-Dressing). Ungewöhnlich und einen Applaus wert: Alle Schnitzel werden auch als Geflügelvariante angeboten, und es wartet eine wirklich große Auswahl an vegetarischen Gerichten! Apfelwein gibt's von gleich zwei Keltereien, und die drei Biersorten vom Fass stammen von der kleinen Brauerei Schlappeseppel aus Aschaffenburg.

Noch individueller wird dieser kultige Ort durch die musikalischen Einlagen am Abend, welche das Restaurant in ein stimmungsvolles Musik-Pub verwandeln. Die FAB hat eine Bühne mit eigenem Flügel und bietet Livemusik mit viel Jazz und Blues, auch Latin, Folk und Soul an. Samstags treten meistens kleine Bands auf, freitags organisiert die FAB die Friday Live Jazz Sessions. Donnerstags ist die Bühne offen für explizit lokale Newcomer und Songschreiber – dies ist der FAB wichtig, denn sie sieht sich als ein Zuhause für kreative Talente. Auch dadurch entwickelt sich schnell eine nachbarschaftliche Atmosphäre.

BEI LIVEMUSIK
AUF DER WIESE PICKNICKEN
STOFFEL IM GÜNTHERSBURGPARK

Wetterausstraße 7, 60389 Frankfurt am Main
stoffel.stalburg.de
STOFFEL im nördlichen Teil des Parks, Eingang Hallgartenstraße oder
Weidenbornstraße
ÖPNV: Haltestelle Günthersburgpark oder Bornheim Mitte

Der Günthersburgpark – kurz »Günni« – im Nordend von Frankfurt ist
vermutlich der Lieblingspark der Frankfurter. Er ist ein Ort für alles und
jeden: An sonnigen Tagen sind die Liegewiesen bedeckt mit Menschen,
die gemütlich lesen, picknicken, knutschen; zwischen den Bäumen
schaukeln Hängematten und straffe Slacklines. Eltern und ihre Kinder
sprinten sofort zum großen Spielplatz direkt am Café: die Kids können
rutschen und schaukeln, die Eltern bekommen ihren wohlverdienten
Cappuccino oder einen kühlen Apfelwein. An heißen Tagen gibt es weiter unten eine Wassersprühlanlage, an der sich die Großen und Kleinen
abkühlen können. Auch die sportliche Fraktion kommt auf ihre Kosten:
neben den Runden im Park könnt ihr Kraftübungen am Sportplatz
neben dem Basketballfeld machen; Yogis und Fußballer treffen sich
weiter unten auf der größeren Südwiese. Das Café ist auch ein perfek-
ter Treffpunkt für Tinder-Dates (von der Redaktion selbst getestet)–
wenn die Chemie nach einem Drink noch stimmt, könnt ihr im Park
ein paar Runden spazieren gehen. Kurzum: Der Günni trifft jeder-
manns Geschmack und ist der Place to be!

Der Park gewinnt jedes Jahr im Sommer noch einmal zusätzlich
an Charme, wenn das Stalburg Theater auf der Nordwiese das Open-
Air-Festival STOFFEL organisiert, der Name steht für Stalburg Theater
OFFEn Luft. Vier ganze Wochen lang treten fast jeden Abend zwei bis
drei Musiker, Artisten und Chöre aus der Nachbarschaft auf. Einfach

grandios sind die Coverbands! Für die Kleinen findet nachmittags das STOFFELCHEN statt, ein Kinderprogramm mit Musik und Theater. Die Veranstalter bezeichnen STOFFEL als »normal« und unaufgeregt: einfach nur ein Ort für Wiese, Kultur, Essen und Trinken. Und genauso chillig geht es auch zu: Jung und Alt, Groß und Klein versammeln

und verstreuen sich irgendwo im Park in ausgesuchter Entfernung zur Bühne. Am besten einfach eine Picknickdecke oder Campingstühle, was zu essen und zu trinken mitbringen, der Musik im Hintergrund lauschen und die tolle Atmosphäre genießen. Trink- und Fressbuden gibt's ebenfalls genug – zum Beispiel mit veganen Quinoa-Talern, Demeter-Eis und Apfelwein von der hessischen Kelterei Heil.

Der Eintritt zum STOFFEL ist kostenlos, nur ohne die freiwilligen Spenden in die roten Eimer, die regelmäßig die Runde durch die Menge machen, würde es das Festival und das Theater längst nicht mehr geben.

Die Veranstalter haben jedes Jahr einige Hürden zu bewältigen – sei es fehlende finanzielle Unterstützung vom Land Hessen, extreme Hitze, Anwohnerbeschwerden oder eben Corona … – und denken sich stetig neue Dinge aus, um damit zurechtzukommen. 2019 zum Beispiel kam die sehr coole Silent Disco mit ins Programm, bei der man die Musik über Kopfhörer so laut wie man möchte hören und dazu tanzen kann, ohne die Anwohner zu stören.

Manche Frankfurter haben zwar schon einmal vom STOFFEL gehört, aber es noch nicht besucht. What a shame! Es ist in unseren Augen als absolut einzigartiges Kulturfestival das Highlight des Sommers und ein absolutes Muss für jeden Frankfurter Bürger oder Besucher. Plant euren Sommerurlaub am besten gleich drum herum!

HIER IST PLATZ FÜR EUER LIEBLINGSBILD

#LIEBLINGSMENSCHENUNTERWEGS

GROSSES (HAFEN-)KINO, KUNST UND KULTUR ERLEBEN
HAFEN 2

Nordring 129, 63067 Offenbach am Main
hafen2.net
ÖPNV: Haltestelle Offenbach Kaiserlei oder Nordring

Mäh …! Kikeriki! Falls ihr davon träumt, nahe der Großstadt ein wenig Bauernhof-Feeling zu bekommen, steuert das Hafen 2 südlich des Mains in Richtung Offenbach an. Die meisten kennen es als Konzerthalle, dabei ist es so viel mehr: Café, Kino, Club, alternatives Kulturzentrum sowie Ausstellungsraum für Theater, Diskussionen und Lesungen. Und: Erholungswiese, Strand und Streichelzoo.

Genau: Draußen vor der Halle steht ein großer Zirkuswagen namens Daisy und ein großer Sandkasten, in dem Kinder herumbuddeln können. Auf der Wiese laufen hübsche weiße Gänse, meckernde Schafe und gackernde (und rotzfreche) Hühner frei herum. Da die Tiere inzwischen die Scheu verloren haben, kann es schon mal passieren, dass ein Huhn plötzlich mit bei euch am Tisch sitzt und von dem Rüblikuchen probieren möchte …!

Der Service ist nicht der Schnellste, aber viel wichtiger: herzlich und offen. Überhaupt steht das Hafen 2 für Toleranz, Selbstverwirklichung und Veränderung. Die Gründer Andrea Weiß und Alex Braun vom gemeinnützigen Verein suesswasser e.V nennen ihren Ort auch liebevoll »Interdisziplinäre Plattform«. Sie wollen progressive Kunst und Kultur fördern und die Stadt dadurch prägen – was ihnen, wie wir meinen, auch gelungen ist!

Im Sommer findet so viel wie möglich draußen statt: Am Ufer werden eine große Bühne und Sitzplätze in der runden Kuhle aufgebaut. Für das Open-Air-Kino ist das Setting perfekt: Mit Blick aufs Wasser werden die besten und anspruchsvollsten Filme der Saison, viele in Originalversion mit Untertiteln, aufgelegt. Ein Muss für euer Sommerprogramm!

ERST BADEN,
DANN HOLLYWOOD
OPEN-AIR-KINO, FREIBAD BAD VILBEL

Huizener Straße 1, 61118 Bad Vilbel
www.bad-vilbel.de/de/freizeit/freibad
ÖPNV: Haltestelle Bad Vilbel Süd

Da staunt man nicht schlecht, wenn man im Sommer im Bad Vilbeler Freibad seine Runden im Wasser dreht. Neben dem Schwimmbecken auf der grünen Wiese erhebt sich eine riesige Leinwand, so groß wie die Fläche einer Drei-Zimmer-Wohnung.

Die Leinwand und ihr Dolby-Surround-System haben aber erst bei Einbruch der Dunkelheit ihren großen Auftritt: Seit fast 30 Jahren werden hier etwa vier Wochen lang von Juli bis August unter freiem Himmel aktuelle Kinofilme und Klassiker gezeigt. Und zwar bei Wind und Wetter! Regencapes könnt ihr bei Bedarf für einen Euro erwerben, denn abgesagt werden die Veranstaltungen nur aus absolut sicherheitsrelevanten Gründen – und darauf ist Dennis DiRienzo, Chef des benachbarten Theaters »Alte Mühle« und Organisator des Open-Air-Kinos, mächtig stolz. Er selbst war damals auf die Idee des Open Air Kinos gekommen, als er hier im Freibad auf der Wiese lag.

Das Unterhaltungsprogramm startet im Übrigen schon vor dem Spielfilm: Beim Eintritt erhaltet ihr ein Ticket zum Bingospielen, Dennis' Bruder schmettert als singender Popcornverkäufer ein paar selbst komponierte Songs durch die Reihen, und Dennis regt bei kleinen Ratespielen zum Mitgrübeln an: Die wievielte Show wird heute gespielt? Wie viele Zuschauer, schätzt ihr, haben wir heute?

Apropos, trotz der rund 1000 Besucher ist die Stimmung immer sehr familiär und gemütlich. Entweder setzt ihr euch auf die Stühle direkt vor die Leinwand oder einfach auf die Wiese auf eure Decken. Und: Obwohl es auch hier Getränke und Snacks gibt, ist das Mitbringen von Speisen und Getränken (außer in Gläsern) ausdrücklich erlaubt!

ÜBER TIERISCH GUTES THEATER STAUNEN

FRITZ-RÉMOND-THEATER

Bernhard-Grzimek-Allee 1, 60316 Frankfurt am Main
www.fritzremond.de
ÖPNV: Haltestelle Zoo

Der zweitälteste Zoo Deutschlands bietet seinen Besuchern nicht nur Elefanten, Braunbären und Pinguine, sondern auch tierisch gutes Theater! Die Rede ist vom Fritz-Rémond-Theater im wunderschönen Gesellschaftshaus auf dem Gelände des Frankfurter Zoos. Mit seinen 342 Plätzen ist es eines der kleineren von insgesamt 28 Theatern in Frankfurt und unser Geheimtipp. Das kleine Schauspielhaus hat unseren »Lieblingsmensch-Test« nämlich mit Bravour bestanden.

Als wir ankommen, werden wir freundlich von Professor Klaus Helmer empfangen. Er ist ein Theatermensch durch und durch. Bereits im Jahr 1972 hatte er als Direktor die »Komödie« in Frankfurt übernommen, ein Boulevardtheater in der Innenstadt. Seit 1995 ist er nun auch Direktor des Fritz-Rémond-Theaters am und – wie gesagt – im Zoo. Nur Chef sein, das reicht dem Tausendsassa allerdings nicht. Er ist gleichzeitig auch noch Intendant, Schauspieler und Regisseur! Als wir beim Gespräch von ihm erfahren, wer schon alles auf seiner Bühne stand, staunen wir nicht schlecht: Günther Strack, Heinz Rühmann, Theo Lingen, Inge Meysel und viele weitere Schauspiellegenden.

Bei unserem Besuch steht wie selbstverständlich wieder ein sehr berühmtes Paar auf den Brettern, die die Welt bedeuten: Herbert Herrmann, der hier gemeinsam mit seiner Lebensgefährtin Nora von Collande zu sehen ist. Die beiden spielen mittlerweile schon seit Jahrzehnten zusammen Theater, was vielleicht nicht so viele wissen, denn die meisten dürften sie aus dem Fernsehen kennen: Herbert Herrmann

unter anderem aus der ZDF-Serie »Drei sind einer zuviel« und Nora von Collande aus der ARD-Serie »Marienhof«. Heute spielen sie – mit einer Leidenschaft, die ansteckend ist – das Stück »Alles was sie wollen«, und die Presse ist voll des Lobes: »Sie agieren mit Charme, temporeich, sehr leichtfüßig, humorvoll, kurzweilig«, heißt es da, und

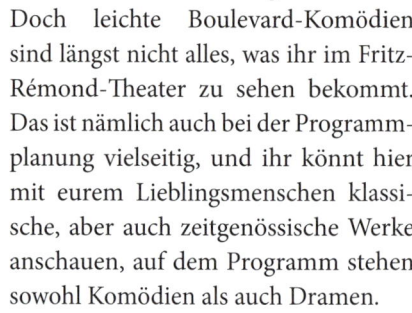

auch wir sind wirklich begeistert!

Doch leichte Boulevard-Komödien sind längst nicht alles, was ihr im Fritz-Rémond-Theater zu sehen bekommt. Das ist nämlich auch bei der Programmplanung vielseitig, und ihr könnt hier mit eurem Lieblingsmenschen klassische, aber auch zeitgenössische Werke anschauen, auf dem Programm stehen sowohl Komödien als auch Dramen.

Das Schöne dabei: Hier seid ihr unter jungen Leuten. Denn in seiner 26-jährigen Dienstzeit hat es Direktor Klaus Helmer geschafft, sich Besuchernachwuchs heranzuziehen. Von Theatermüdigkeit gibt es hier keine Spur, ins Fritz-Rémond kommen viele Twens und Thirty-Somethings, die sich gerne von den vielseitigen Stücken begeistern lassen.

Klaus Helmer freut sich darüber und erinnert sich immer wieder gerne an den Moment, als nach einer Vorstellung ein 16-Jähriger mit seinen Eltern zu ihm kam und dem Theatermann eines der schönsten Komplimente überhaupt machte: »Theater ist wirklich verblüffend und toll, da sind ja lebendige Menschen auf der Bühne!«

Hier könnt ihr es besonders spüren, und gerade die Tatsache, dass dieses Haus eher klein ist, macht es umso lebendiger. Oder wie Klaus Helmer sowohl zu den jungen als auch zu den älteren Frankfurtern sagt: »Wenn Sie Theater gerne haben und gutes Theater mögen, dann kommen Sie zu mir!« Na, das ist doch mal eine schöne Einladung!

WENN IHR BEIM VERKLEIDEN AUF DEN GESCHMACK GEKOMMEN SEID …

… dann müsst ihr zu Halloween unbedingt in die St. Tropez Bar in der Moselstraße. An normalen Tagen ist die Location eine alteingesessene Eintracht-Kneipe, aber am 31. Oktober verwandelt sie sich in eine schaurig-schöne Vampirhöhle und lädt zum »Tanz der Vampire« ein. In einem mit Spinnenweben durchzogenen Gewölbe mit vielen Kerzen und Fledermäusen könnt ihr euch hier ungezügelt euren vampirischen Begierden hingeben.

➤➤ Eintritt: 10 Euro! Strikter Dresscode: Vampirisch!

TIPP

IN FRANKFURT RICHTIG FASCHING FEIERN
ZUR GERMANIA

Textorstraße 16, 60594 Frankfurt am Main
www.zur-germania.de
ÖPNV: Haltestelle Schweizer Platz

Die Germania ist schon deshalb ein Geheimtipp, weil ihr euch nicht nach Köln oder ins benachbarte Mainz aufmachen müsst, um Fasching zu feiern, sondern hier – im eigentlich faschingsmüden Frankfurt – eine sensationelle Location zum kostümierten Feiern findet. Während das Leben in Frankfurt zur Faschingszeit eigentlich weiterläuft wie sonst auch, wird in der Germania das Faschingszepter hochgehalten, und die Narren und Närrinnen warten jeden Tag erwartungsvoll auf Einlass – Faschingssonntag und Faschingsdienstag übrigens schon ab 11 Uhr.

In dem traditionellen Frankfurter Restaurant werden von Weiberfastnacht bis Faschingsdienstag die Holztische und Bänke beiseitegeräumt, ein DJ wird engagiert, Unmengen von Frikadellen werden gebacken und ganz wichtig: Der Mond wird aufgehängt! Und genau wegen dieses Mondes bekommt ihr jetzt noch eine Hausaufgabe von uns: Macht euch schon einmal mit dem Mondlied, dem Markenzeichen der Germania, vertraut, denn dieses wird zu jeder vollen Stunde von allen Gästen mit Inbrunst gesungen. Während eine Mondlaterne durch das Lokal schwebt, singt ihr:

»Wie scheint der Mond so hell auf dieser Welt, zu meinem Mädel bin ich hinbestellt, zu meinem Mädel, da muss ich geh'n ja geh'n, vor ihrem Fensterlein da bleib ich steh'n.«

Keine Sorge, für die Nicht-Textsicheren gibt es an der Wand eine Tafel mit dem kompletten Songtext. Kleine Info zum Angeben: Das Mondlied wurde 1917 komponiert und das von Heino ist ein Cover.

BEI MONDSCHEIN DEN LIEBLINGSFILM KÜREN
»SHORTS AT MOONLIGHT«

Höchster Schloss mit Schlosscafé, Höchster Schloßplatz 16,
65929 Frankfurt am Main
www.kurzfilmfestival.de
ÖPNV: Haltestelle Bahnhof Höchst

Ab Mitte Juli könnt ihr euch an einem besonderen Open-Air-Event erfreuen. Dann heißt es auf dem Höchster Schloßplatz wieder: Stimmzettel raus – Film ab! Die »Shorts At Moonlight« wurden 2003 ins Leben gerufen und seitdem jedes Jahr in Höchst und im Main-Taunus-Kreis (unter anderem in Hofheim und Oestrich-Winkel) organisiert. Während des Festivals werden über 100 Kurzfilme alle Art und überwiegend aus Deutschland auf verschiedenen Plätzen, in Schlössern und Parks der Region unter freiem Himmel gezeigt.

Besonders schön ist das Filmegucken dann in der Atmosphäre der Schlossterrasse unter Kastanienbäumen und mit Burgpanorama vor dem alten Höchster Schloss. Langsam wird es dunkler und der Sternenhimmel erkennbar. Schiffe gleiten hinter euch lautlos den Main entlang, musikalische Jazzeinlagen und Snacks vom Schlosscafé nebenan versüßen die Pausenzeiten. Zurücklehnen ist angesagt!

Am Ende bestimmt ihr, welcher der Kurzfilme einen Preis gewinnt. Die Filme sind zwischen fünf und 30 Minuten lang, originell, skurril, manchmal auch etwas gruselig, die Filmemacher und Schauspieler (noch!) recht unbekannt. Die jungen Regisseure sind fast immer selbst vor Ort und werden zu ihren Werken interviewt. Nach den Aufführungen gebt ihr eure Stimmzettel ab; die Tagessieger werden sofort bekannt gegeben. Ein Highlight sind die Sonntage, wenn alle Lieblingskurzfilme der vorherigen Tage noch einmal gezeigt werden und die Finalisten zur großen Preisverleihung auf die Bühne treten.

UNTERM STERNENHIMMEL THEATERLUFT SCHNUPPERN
ANTAGON THEATER

Sommerwerft, Weseler Werft, 60314 Frankfurt am Main
sommerwerft.de
ÖPNV: Haltestelle Frankensteiner Platz
Antagon Halle, Orber Straße 57, 60386 Frankfurt am Main
winterwerft.de
ÖPNV: Haltestelle Gwinnerstraße

Laue Sommernächte in Frankfurt sind wie gemacht für einen Abend im Open-Air-Theater. Und wenn ihr nach einer Veranstaltung noch eine halbe Stunde staunend und glücklich auf euren Plätzen sitzen bleibt, dann habt ihr wahrscheinlich eines der phantastischen Stücke des Antagon-Ensembles angeschaut. Das gepaart mit der gigantischen Skyline als Teil des Bühnenbilds und einer zauberhaften Theaterkulisse gibt es nur bei der »Sommerwerft«, dem internationalen Open-Air-Theaterfest direkt am Main. Unter dem (Sternen-)Himmel auf gemütlichen Liegestühlen erlebt ihr leidenschaftlich gespielte Theaterstücke, die an diesem besonderen Ort, in Licht und Nebel getaucht, immer auch etwas Mystisches haben. Faszinierende Kostüme, experimentelle Livemusik und spektakuläre Feuerperformances gehören bei diesem Erlebnis regelmäßig dazu.

Neben dem Theater findet ihr auf der Sommerwerft verschiedene Workshops und viele andere künstlerische Darbietungen, wie Tanz und Musik. Im Beduinenzelt zum Beispiel gibt es Köstlichkeiten für alle Sinne: Liveauftritte der Singer- und Songwriter werden versüßt mit hausgemachten Schokoladenbrownies, Kaffee und leckerem Chai-Tee. Und wenn euch eher nach etwas Deftigem zumute ist, auf der Sommerwerft gibt es viele Stände mit internationaler und regionaler Küche, von Flammkuchen über Datschi und Samosas, über Wraps und Kartoffel-

puffer mit Grüner Soße. Alles frisch und mit viel Liebe zubereitet.

Und apropos »viel Liebe«: »Was die Sommerwerft so einmalig macht, ist, dass wir als Theaterleute das Fest selbst organisieren«, sagt der Initiator der Sommerwerft, Bernhard Bub, der auch der Chef des Antagon Theaters ist. Wenn die Theaterleute nicht gerade ihr Publi-

kum bei der Sommerwerft begeistern, wohnen sie alle gemeinsam auf einem Grundstück rund um die Antagon Halle in Fechenheim: Das ehemalige Speditionsgelände ist heute ein inspirierender Ort, die gemütlichen Wohnwaggons stehen unter freiem Himmel, und in den umgebauten Lagerhallen wird Theater gespielt.

Hier findet dann übrigens auch die »Winterwerft« statt, über die die Veranstalter sagen, sie sei die kleinere und ernstere Version der Sommerwerft. In einer Jurte mit Lagerfeuer davor gibt es ein vielseitiges Programm mit Lesungen, Diskussionen, Vorträgen, Workshops und Theatervorstellungen für Erwachsene und Kinder. Wer danach oder dabei noch einen Snack braucht (und hier könnt ihr euch so lange aufhalten, dass ihr definitiv einen braucht), bekommt im Babushka Café alles, was der kleine Hunger begehrt: Waffeln, Pfannkuchen, verschiedene Suppen, alles selbst gemacht und saulecker!

Wann: meistens Anfang Februar, aber vorher unbedingt die Website von der Winterwerft checken!

UNSERE PERSÖNLICHEN FÜNF »BEST OF«-GEWINNER-KURZFILME SEIT 2010

➤➤ Nashorn im Galopp (2013/2014) · FSK 18
Regie: Erik Schmitt, 15 Min.

➤➤ Hypochonder (2006/2014) · FSK 18
Regie: Maggie Peren, 20 Min.

➤➤ Der Aufreißer (2007/2010/2012/2016) · FSK 18
Regie: Steffen Weinert, 14 Min.

➤➤ Sardinien (2019) · FSK 18
Regie: Alexander Conrads, 10 Min.

➤➤ 15 Minuten Wahrheit (2007/2016) · FSK 18
Regie: Nico Zingelmann, 17 Min.

TIPP

IM GEWÖLBEKELLER PHANTASTISCHER MUSIK LAUSCHEN

JAZZKELLER

Kleine Bockenheimer Straße 18a, 60313 Frankfurt am Main
www.jazzkeller.com
ÖPNV: Haltestelle Taunusanlage oder Opernplatz

Zwischen Schickimicki-Läden wie Gucci, Louis Vuitton und Bogner findet ihr in einer winzigen Parallelstraße zur Freßgass, etwas versteckt und von den meisten Menschen völlig unbemerkt, den Jazzkeller. Über eine schmale Treppe mit 19 Steinstufen steigt ihr hinab in das alte Backsteingewölbe.

Den Jazz-Club gibt es bereits seit 1952, und Musiker, die heute als Weltstars bekannt sind, schauten am Anfang ihrer Karriere gerne mal vorbei. Der Jazzkeller hat sie alle schon gesehen: Stan Getz, Duke Ellington, Louis Armstrong, Dizzy Gillespie oder Dean Martin. Selbst Frank Sinatra oder Ella Fitzgerald waren schon hier. Seit mehr als 50 Jahren ist das kleine rustikale Kellergemäuer einer der »Places to be« für alle Jazz-Enthusiasten weit und breit. Eigentlich ist es unglaublich, dass man in einer eher kleinen Stadt wie Frankfurt tatsächlich jeden Abend Live-Musik auf hohem Niveau hören kann, was man sonst nur in Tokio, London, Berlin oder New York erwarten würde.

Bei beliebten Konzerten ist es ratsam, früh da zu sein, damit ihr einen Platz mit freiem Blick auf die Bühne bekommt, denn später muss man sich in dem Gewölbekeller meist mit einem Platz hinter einer Säule begnügen.

Ein Highlight sind zur Weihnachtszeit die beiden Konzerte der Matchbox Bluesband, die in ganz Deutschland bekannten mitrei-ßenden Blues darbietet. Außerdem Dr. Soul and the Chain of Fools – 13 Musiker, die den Spirit, das Feeling, den Sound und die Optik des klassischen Soul und Rhythm'n'Blues auf die Bühne bringen.

Eine traurige Nachricht haben wir während der Arbeit an diesem Buch erhalten: Eugen Hahn, der über 35 Jahre das Gesicht des traditionsreichen Jazzkellers war, der Dreh- und Angelpunkt der Frankfurter Jazzszene und noch dazu ein herzlicher Gastgeber, der jeden Abend selbst vor Ort war, ist am 23. Dezember 2020 im Alter von 79 Jahren verstorben.

EINE SPONTANE JAMSESSION HAUTNAH ERLEBEN
MUSIK-PUB BALALAIKA

Schifferstraße 3, 60594 Frankfurt am Main
www.facebook.com/pages/category/Live-Music-Venue/Balalaika
ÖPNV: Haltestelle Schweizer Platz

Tickets für kleine und große Konzerte könnt ihr in Frankfurt zuhauf erwerben, aber eine spontane Jam-Session erleben, das geht nur im Musik-Pub Balalaika. Euch erwartet ein dunkelgrün gestrichener Raum mit Ölbildern und Plakaten an den Wänden, Holztische und rustikale Stühle, das alles in Kerzenlicht getaucht. Das Piano in der Ecke und die Gitarre an der Wand sind nicht nur Dekoration, sondern dafür gedacht, dass sich immer wieder spontan Gäste finden, die spielen können und wollen.

Der Besitzer, John Bohländer, der jeden Abend hinter der Bar steht, kommt selbst aus einer Musikerfamilie: Seine Großmutter war Klavierlehrerin, Mama Anita Sängerin und Papa Carlo Musikdozent und nichts weniger als der Patron des Frankfurter Nachkriegsjazz. Und John? Spielt leidenschaftlich gern Trompete. Der Musik-Pub ist seit 1968 ein Familienbetrieb, und seit Anita und Carlo ihn übernommen haben, wird wirklich jeden Abend musiziert, was Instrumente und Stimmbänder hergeben. 1977 schaute sogar der amerikanische Boxstar Muhammad Ali spontan in der Balalaika vorbei, nachdem er auf der Buchmesse seine Biografie präsentiert hatte. Ein Foto an der Bar zeugt noch davon, wie Ali mit seiner Entourage in der Balalaika gefeiert hat.

Jeden Montag spielt das Jazz-Trio um Jogi Kirschner mit Bretzl-Bub Werner Pankriem, der die Mundharmonika spielt. Zu hören gibt es dann Jazzimprovisationen, von den Beatles bis zu Michael Jackson.

IM PARK
GROSSES THEATER ERLEBEN
DRAMATISCHE BÜHNE IM GRÜNEBURGPARK

Sebastian-Rinz-Straße 1A, 60323 Frankfurt am Main
www.diedramatischebuehne.de
Das Freilichtgelände befindet sich im nördlichen Teil des Parks, in der Nähe
der orthodoxen Kirche, direkt am Gedenk-Obelisken des Rothschildpalais.
Es werden Wegweiser im Park aufgestellt.
ÖPNV: Haltestelle Grüneburgweg

Eigentlich hat die Dramatische Bühne ihr Zuhause in der Exzess-Halle in Bockenheim, Insider freuen sich aber jedes Jahr ganz besonders auf das Sommer-Open-Air im Grüneburgpark, welches das älteste Frankfurter Freilichtfestival ist. Und hier erlebt ihr mit eurem Lieblingsmenschen nicht nur professionelles Theater, sondern auch die schönste Parkbühne im Hessenland!

Von »Das Parfüm« über den »Sommernachtstraum« bis hin zu »Macbeth« werden nämlich nicht nur wirklich tolle Stücke von großartigen Schauspielern gezeigt, ihr habt auch einen phantastischen Blick in den Grüneburgpark und das auch noch mit der Frankfurter Skyline am Horizont. Da die Theaterstücke in der Dämmerung beginnen und direkt in den Sonnenuntergang gleiten, ist das Ambiente perfekt! Wer fürchtet, dass die Theaterkost für einen lauen Sommerabend zu hart ist, keine Sorge, die Interpretationen der Dramatischen Bühne sind zwar klassische Stoffe, sie werden aber immer mit viel Augenzwinkern, Musik, Gesang und Artistik dargeboten.

Übrigens, ihr könnt euch eure Verpflegung selbst mitbringen, liefern lassen oder eine Kleinigkeit vor Ort kaufen; und schon zwei Stunden vor Vorstellungsbeginn im Park chillen.

Unser Fazit: Hier erlebt ihr mit eurem Lieblingsmenschen nicht einfach ein bisschen Theater, sondern Kultur und Romantik pur!

UNTERM APFELBAUM
MUSIKKOSTPROBEN LAUSCHEN
OBSTHOF AM STEINBERG

Am Steinberg 24, 60437 Frankfurt Nieder-Erlenbach
www.obsthof-am-steinberg.de
ÖPNV: Haltestelle Nieder-Erlenbacher Rathaus oder
Nieder-Erlenbach Schule

Hin- und herschunkeln bei Schoppen, grüner Soß' und Handkäs' mit Musik – das klingt doch verlockend, selbst wenn die Wörter möglicherweise fremd klingen, richtig? Egal, macht euch auf nach Nieder-Erlenbach zum Obsthof am Steinberg und probiert's einfach einmal aus! Am besten mit dem Rad oder zu Fuß, denn die Fahrt mit den Öffentlichen ist etwas beschwerlich, und bei dem leckeren Apfelwein können wir eine Anfahrt mit dem Auto nicht guten Gewissens empfehlen.

Das Mitschaukeln war selbstverständlich auf die wunderbaren musikalischen Einlagen bezogen, die im Garten des Obsthofs beim Event »Live Music unterm Apfelbaum« bis in den Oktober hinein organisiert werden. Aber so nebenbei: Der hessische Handkäse (ein Sauermilchkäse, der früher mit der Hand geformt wurde) wird häufig »mit Musik«, serviert, das heißt mit jeder Menge roher Zwiebeln, die hinterher lustige musikalische Töne produzieren können …

Der Obsthof am Steinberg ist auch als Obsthof Schneider bekannt; Inhaber Andreas Schneider übernahm vor fast 30 Jahren den Betrieb von seinen Eltern und ist als gelernter Obstbauer bei vielen der Veranstaltungen wie bei den Fackel-, Erdbeer- und Bienenwanderungen selbst engagiert mit dabei. Der Obsthof umfasst 16 Hektar Obstwiesen und Felder, auf denen sage und schreibe insgesamt 237 Obstsorten, davon 120 Apfelsorten, geerntet werden. Der eigene Hofladen verkauft unter anderem exotische und besondere Apfelweine, Apfelsäfte und Obstsorten, wie zum Beispiel die Ananasrenette: einen Apfel, der nach Ananas schmeckt!

Die Schoppenwirtschaft öffnet im Sommer den herrlichen Apfelbaumgarten. Etwa zweimal im Monat stellen sich kleine Bands unter die Bäume und versüßen die Atmosphäre mit Gitarre, Bass oder Harfe und das komplett ohne Eintritt.

GEMÜTLICH FILME SCHAUEN
ASTOR FILM LOUNGE

MyZeil Foodtopia, 4. OG, Zeil 106, 60313 Frankfurt am Main
www.frankfurt.premiumkino.de
ÖPNV: Haltestelle Hauptwache oder Konstablerwache

Manchmal ist uns, bei allem Entdeckergeist, einfach nach Entspannung. Für gemütliche Momente und regnerische Tage gibt es in Frankfurt die Astor Film Lounge. So bequem habt ihr im Kino noch nie gesessen – versprochen!

In anderen Kinos reiht ihr euch oft genug in lange Schlangen ein, um an Getränke, Popcorn oder Eis zu kommen. Nicht so in der Astor Film Lounge. In dem stylischen Kino in der Einkaufspassage MyZEIL werdet ihr direkt am Sitz bedient. Wobei »Sitz« maßlos untertrieben ist, denn hier nehmt ihr auf bequemen Ledersesseln Platz. Die sind nicht nur besonders komfortabel, weil die Rückenlehne verstellbar und die Sitzfläche beweglich ist – auch die Abstände in den Reihen sind so großzügig gewählt, dass ihr eure Beine, egal wie lang, ausstrecken könnt. Wem das noch nicht reicht, der nimmt sich einen Platz in der Loge, denn hier gibt es sogar Komfortsessel, die sich per Knopfdruck in Liegeposition stellen lassen. Da müsst ihr nur noch aufpassen, dass ihr mit eurem Lieblingsmenschen nicht einfach einschlaft!

Die Getränke erhaltet ihr nicht wie sonst in Papp- oder Plastikbechern, hier kommen die Cocktails im Glas direkt an den Platz! Probieren könnt ihr zum Beispiel einen geschüttelten und nicht gerührten Martini à la James Bond. Eine angenehme Überraschung sind auch die zwei kleinen Säle, die von den Betreibern Bibliothekskinos genannt werden. Noch dazu sorgen Regale mit echten Büchern an den Wänden für ein angenehmes Wohnzimmerflair, dass die eher kleine Leinwand schnell vergessen macht.

UNSERE LIEBLINGSFILME

➤➤ »Glauben ist alles«
»Ein Priester und ein Rabbi ...«, mit diesen Worten fangen zahlreiche Witze an und in diesem Fall einer der schönsten Liebesfilme, die wir kennen. Der katholische Priester Brian (Edward Norton) und der Rabbi Jake (Ben Stiller) sind beste Freunde von Kindesbeinen an. Sie sind unkonventionell, aber erfolgreich, und während Brian als Katholik den Frauen abgeschworen hat, muss Jake sich dauernd gegen die Kuppelversuche seiner jüdischen Gemeinde wehren.

➤➤ »Das Dschungelbuch« – Realverfilmung von 2016
Die Geschichte ist deutlich rauer als die bunte Zeichentrick-Version, aber eben auch sehr spannend. Im Original haben Hollywoodstars wie Ben Kingsley, Scarlett Johansson, Christopher Walken oder Bill Murray den Tieren ihre Stimmen geliehen.

➤➤ »Florence Foster Jenkins«
Die millionenschwere New Yorker Erbin Florence Foster Jenkins alias Meryl Streep träumt in den 1940er Jahren davon, eine umjubelte Opernsängerin zu werden. Leider ist sie vollkommen talentfrei und singt einfach schrecklich. Kurzweilig-unterhaltsames Kino, das zugleich auch nachdenklich stimmt.

TIPP